IGCSE中文（第一语言）
课程写作能力训练

IGCSE CHINESE
AS A FIRST LANGUAGE

冯薇薇　何怡然　编著

First Edition   2018

ISBN 978-7-5138-1628-1
Copyright 2018 by Sinolingua Co., Ltd
Published by Sinolingua Co., Ltd
24 Baiwanzhuang Road, Beijing 100037, China
Tel: (86) 10-68320585 68997826
Fax: (86) 10-68997826 68326333
http://www.sinolingua.com.cn
E-mail: hyjx@sinolingua.com.cn
Facebook: www.facebook.com/sinolingua
Printed by Beijing Xicheng Printing Co., Ltd

Printed in the People's Republic of China

前 言

本书编写理念

IGCSE 的中文课程分为三个等级：第一语言（0509）、第二语言（0523）和外语（0547）。其中第一语言（0509）是最难的，这个课程的目标学生是中文程度较高，甚至接近母语程度的学生。

IGCSE 中文课程	课程设置	目标学生
第一语言（0509）	读、写	近母语程度的学生
第二语言（0523）	听、说、读、写	中等程度的学生
外语（0547）	听、说、读、写	初级程度的学生

IGCSE 中文第一语言（0509）的课程设置包括阅读理解和写作能力。阅读理解又分为两个部分：回答问题部分和概括性写作部分。写作能力也分为两个部分：议论文和记叙、描写文。从课程设置我们可以看出，IGCSE 中文第一语言（0509）着重学生的写作能力，除了回答问题，其余三部分都和"写作能力"有直接的关系。对于国际学校的学生或生活在海外的中国学生来说，写作往往是他们最薄弱的环节，也是学生最怕面对的一种能力训练。

为了使这些学生在非母语环境下也能够写出达到课程要求的作文，我们决定编写此书，通过对课程要求的写作文本的分析，让学生对概括性写作、议论文、记叙文、描写文的结构和写作手法有更清晰的认识。我们还在每个主题下列出了一些与该主题相关的成语和俗语，比如在励志类议论文下列出了诸如"闻鸡起舞""百折不挠""少壮不努力，老大徒伤悲"等成语和俗语，目的是让学生学会在正确的语境下使用恰当的成语和俗语，令他们的作文锦上添花。

为了训练学生对作文的构思能力，培养学生清晰和有逻辑地构思作文的框架，在每个例文开始前都附有一个构思导图。学生如果学会使用构思导图，必定有助于他们理清思路，流畅地完成作文的写作。

本书的内容结构

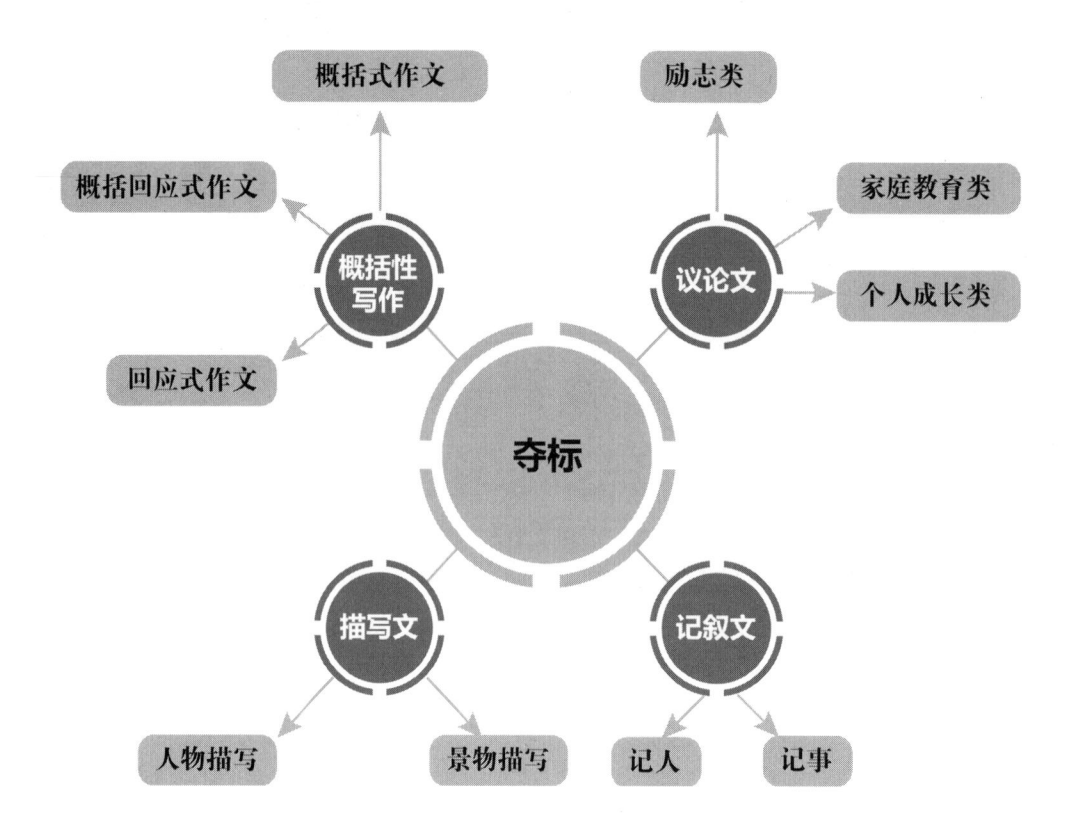

```
                    概括式作文              励志类
                         ↑                    ↑
   概括回应式作文 ←   概括性写作       议论文   → 家庭教育类
                                                ↓
        回应式作文 ←                              → 个人成长类
                              夺标
                      ↙               ↘
                   描写文              记叙文
                  ↙      ↘           ↙      ↘
             人物描写   景物描写      记人      记事
```

本书特点

1. 教学对象：

   适用于学习 Chinese IGCSE 1st Language (IGCSE 中文近母语) 课程的学生。

2. 教学目标：

   ——培养学生的文章概括总结能力

   ——培养学生的议论文、记叙文、描写文的写作能力

   ——培养学生对中文的常见的基本写作手法的认识和使用能力

   ——扩大学生的词汇量，特别是成语和俗语的词汇量

   ——掌握成语和俗语在正确的语境下的正确使用

本书使用说明

1. 在老师的指导下，学生可以先学习每个章节前面有关该单元写作的基本知识和写作手法。

2. 在老师的指导下，学生可以通过阅读范文，并对照写作的基本知识和写作手法进行分析，对该单元的写作要求有更深的理解。

3. 在老师的指导下，学生可以从该单元的题库中选取题目进行写作练习。

4. 写作过程中，学生可以从该单元的成语和俗语表中选取适当的几个进行应用。

5. 学生可以根据第一章里的评分表进行自我评分。

6. 完成写作后，学生可以根据自评表对自己的习作进行反思。

7. 学生对自己的作文满意后再交给老师进行评判。

目　录

第一章　IGCSE中文第一语言（0509）课程概要 ……… 001

　　主要类型 ……… 001

　　评分要点 ……… 001

　　评分细则 ……… 002

第二章　概括性写作（卷一） ……… 004

　　什么是概括性写作 ……… 004

　　IGCSE中文第一语言（0509）课程概括性写作分类 ……… 004

　　类型一　概括式作文（俗称"15点"）……… 005

　　什么是"15点" ……… 005

　　写作要点 ……… 005

　　例题一 ……… 006

　　例题二 ……… 010

　　例题三 ……… 013

　　类型二：概括及回应 ……… 017

　　什么是"概括及回应" ……… 017

　　写作要点 ……… 017

　　例题一 ……… 018

　　例题二 ……… 021

　　例题三 ……… 024

　　类型三：回应式作文 ……… 026

　　什么是"回应式作文" ……… 027

　　写作要点 ……… 027

　　例题一 ……… 028

　　例题二 ……… 030

　　例题三 ……… 032

第三章　议论文（卷二） ... 035
- 议论文三大要素 ... 036
- 论证方法 ... 036
- 例文点评 ... 037
  - 1. 励志类 ... 037
  - 2. 个人成长类 ... 043
  - 3. 家庭与教育 ... 050
- 议论文参考题库 ... 056
- 议论文自我评估表 ... 057

第四章　记叙文（卷二） ... 059
- 记叙文写作的注意事项 ... 060
- 记叙文的分类 ... 060
- 例文点评 ... 061
  - 1. 侧重记人的记叙文 ... 061
  - 2. 侧重记事的记叙文 ... 068
- 记叙文参考题库 ... 074
- 记叙文自我评估表 ... 075

第五章　描写文（卷二） ... 077
- 人物描写 ... 078
  - 1. 直接描写 ... 078
  - 2. 间接描写 ... 078
- 景物描写 ... 079
  - 1. 时间顺序与空间顺序 ... 079
  - 2. 静态描写与动态描写 ... 080
  - 3. 联想、想象、比喻与拟人 ... 080
- 例文点评 ... 081
  - 1. 人物描写 ... 081
  - 2. 景物描写 ... 089
- 描写文参考题库 ... 098
- 描写文自我评估表 ... 099

第一章

IGCSE 中文第一语言（0509）课程概要

主要类型

IGCSE 中文第一语言（0509）课程在阅读理解卷（卷一）和写作卷（卷二）中涉及写作能力的题型主要分为四类：

回应概括性写作	对所给的阅读文本进行回应概括式的写作
议论文	对命题所提出的观点阐述进行深入的评论
记叙文	运用各种写作技巧，根据命题进行有条理的记叙
描写文	运用各种修辞手法，对命题进行细致的描写

评分要点

语言	词汇量丰富多样，并能正确使用俗语、成语、四字词组等。好的写作不是成语或俗语的罗列，而是想方设法令成语和俗语在文中起到画龙点睛的作用。
内容	内容生动有趣，结构清楚有条理，且逻辑性强。段落之间一定要做到承上启下，并且做到前后呼应、主题突出。

评分细则

IGCSE 中文第一语言课程（0509）

卷一中的回应概括性写作的基本评分标准

标准 A　语言的风格与准确	10 分
标准 B　内容与结构	15 分
满分	25 分

卷一的评分细则

标准 A　语言的风格与准确性（10 分）

语言风格与文章结构（5 分）
——表达清晰，重点突出
——使用自己的语言，并按照一定的逻辑顺序有条理地组织内容
——上下文衔接自然

语言的准确性（5 分）
——语言清晰、准确
——恰当地使用复杂的句式
——词语运用准确无误

标准 B　内容与结构（15 分）

——能抓住并准确找出原文中的要点
——观点与原文一致，并能够紧扣原文的主题
——有效地回应提示题
——有很好的概括能力和组织能力

卷二写作卷的基本评分标准

标准 A　语言的风格与准确性	20 分
标准 B　内容与结构	20 分
满分	40 分

▶ 卷二的评分细则

标准 A　语言的风格与准确性（20 分）

——语言流畅，句式丰富，恰当地使用多种复杂句式来达到一定的表达效果
——有效而恰当地使用丰富的词汇
——准确地使用文法和标点符号，书写规范

标准 B　内容与结构（按作文类型分为三种）（20 分）

议论文
——观点明确，论证严谨、有逻辑
——论证有层次，各层次的观点论证连接恰当、自然，句子与句子间的组织有条理

记叙文
——运用一定的写作手法叙述事件，如隐喻、倒叙等
——叙述详略得当，重点突出
——构思精巧，引人入胜
——语言细致，句式复杂，恰当运用各种修辞手法

描写文
——内容有条理，恰当发挥想象力
——细节描写生动、形象，使读者如临其境
——全文结构清晰，以一定的顺序进行人物或景物描写，如时间的发展顺序、空间顺序
——既有正面描写，也有侧面描写，以烘托气氛

第二章

概括性写作（卷一）

什么是概括性写作

概括即归纳、总括，把有关同一问题的内容归结在一起加以简明地叙述，或扼要重述，使文章更简明，让人们在很短的时间内就知道了文章的主要内容。概括这种思维方法除了在写作中常常使用外，也常在阅读理解练习中出现，比如我们经常说"概括文章的主题""概括人物形象"等等。IGCSE 中文考试中的概括性写作主要考查学生根据阅读文章的内容，提炼观点，对文章主题进行归纳与总结，再用自己的语言把原阅读文章重新整合的能力。

IGCSE 中文第一语言（0509）课程概括性写作分类

在 IGCSE 中文第一语言（0509）课程的考试中，概括性写作出现在卷一（阅读理解）里，一般以回应式作文的形式出现，属于接受技能和表达技能相结合的综合考试内容。一般来说，概括性作文分为以下三类：

一、概括性作文（将两篇短文中的重点句子抽出并连缀成文）

二、概括及回应（将两篇短文中的重点内容概括总结，并结合常识或自身经历，对短文主题做出回应）

三、回应式作文（根据短文内容，写一篇与短文主题相关的文章）

> 备注："概括性作文"为 2013～2018 年大纲（最后一次考试为 2019 年）要求的类型；"概括及回应"为 2008～2013 年大纲要求的类型，因为与 2018 年新大纲要求的题型有很多共同点，可以作为参考；"回应式作文"为 2018 年开始的新大纲（首次考试为 2020 年）要求的类型。

类型一　概括式作文（俗称"15点"）

什么是"15点"

概括性作文，俗称"15点"。此作文的写作基于两篇阅读文章，及两个提示问题。学生需要根据两个提示问题，在两篇阅读文章中找出针对提示问题的15～17个重点句子，再用自己的语言将这15～17个回答提示问题的关键句串联成一篇完整的文章。

构思导图

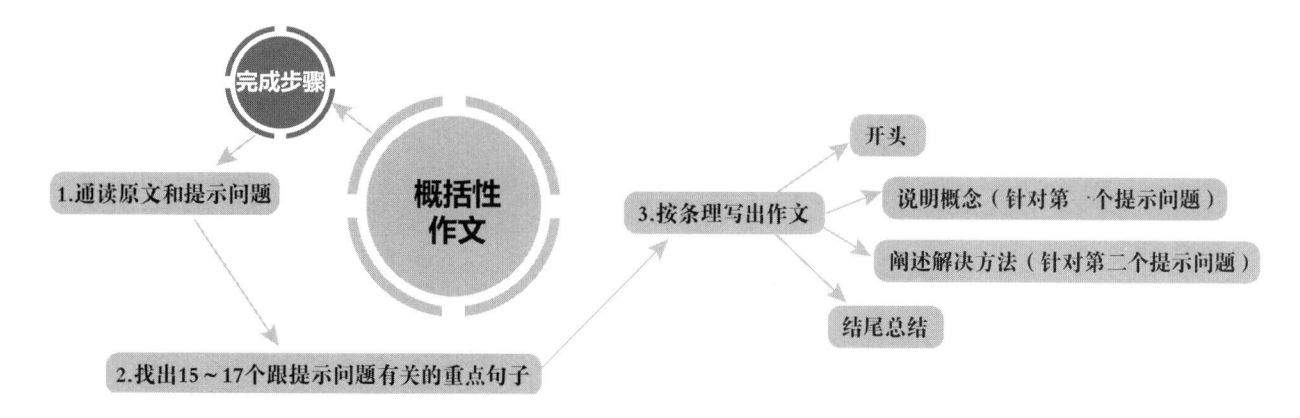

完成步骤
1. 通读原文和提示问题
2. 找出15～17个跟提示问题有关的重点句子
3. 按条理写出作文
   - 开头
   - 说明概念（针对第一个提示问题）
   - 阐述解决方法（针对第二个提示问题）
   - 结尾总结

概括性作文

写作要点

1. 通读全文，读懂内容，抓住要点。
2. 根据文章的主要内容，找出跟提示问题紧密相关的重点句子，想清楚哪些内容需要保留，哪些内容可以删减，并考虑怎样连缀成文。
3. 选择的重点句子应集中在文章的论点和分论点等陈述性的句子上。一般来说，具体例子不需要采用。
4. 看清提示题。一般来说，第一个为概念性的提示题，第二个为有关具体做法的提示题。
5. 对保留的内容不要照搬原文，要适当改写。
6. 将找出来的15～17个重点句子按照恰当的顺序重新组合成一篇短文。一般分为四个自然段，即：开头、说明概念、阐述解决方法、结尾总结。注意尽可能引用原文的语句，适当穿插自己的语言，原文中准确、生动的语言不能丢，另外要注意节段的过渡和连贯。

7. 正确的短文格式，不是回答问题，虽然包括了 a 和 b 两个论点，但不需要写 a、b。
8. 尽可能充分使用重点材料。使用的重点材料越充分越有可能把所有观点囊括其中。
9. 要忠实于原文。概括的文字必须忠实于原文的主旨，切不可偏离题意。原文中的主要内容、中心思想都要在自己的概括中得到集中的体现。
10. 除非行文需要，一般不增添原文以外的语句。经过删削后，在句与句之间、段与段之间要注意过渡，做到衔接自然，文气贯通，不可留下刀砍斧凿的痕迹。
11. 字数 350 字左右，其中语言 10 分，内容 15 分。

例题一

1. 试题中提供的两篇原文如下：

短文一

雁过留声，人过留名。人一生可以追求的东西有许多，金钱、权力和美色等等。这些东西在百年之后都会腐朽，但正直的荣誉却可流芳百世。

做人正直是立身之本、处世之基。品行端正，做人才有底气，做事才会硬气。襟怀坦荡就会赢得他人的信赖与尊敬。古语也说："己不正，何以正人？"所以做人一定要走得直，行得正，一定要问问自己是否正直公道。

在美国的工业社会中，实业家们苦心审查年轻人的申请，他们寻找的是什么呢？大脑？精力？实际能力？这一切肯定都是需要的，但这些只能使一个人获得某种程度的成功。如果他要攀上高峰，担当起指挥决策的重任，那么还必须加上一条因素。有了它，一个人的能量可以发挥出双倍、三倍的效力。这一奇迹般的因素就是正直。

在英语中，"正直"一词的基本词义指的是完整。在数学中，整数的概念表示一个数不能被分开。同样，一个正直的人也不能把自己分成两半，他不会心口不一，因为他不可能撒谎；他也不会表里不一，说一套，干一套，因为他不会违背自己的原则。没有内心的矛盾，一个人就会有额外的精力和清晰的头脑，使他必然地获得成功。

正直的人有一种内在的平静，使他们能够经受住挫折甚至是不公平的待遇。林肯在参加参议院竞选活动时，他的朋友警告他不要发表某一次演讲，但是林肯答道："如果命里注定我会因为这次讲话而落选的话，那么就让我伴随着真理落选吧！"他是坦然的。那一次他确实落选了，但是两年之后，他就任了美国的总统。

正直还会给一个人带来别人的友谊和尊重。人类之所以充满希望，其原因之一就在于人们似乎对正直具有一种近于本能的识别能力，而且不可抗拒地被它所吸引。

正直是万无一失的成功的秘方吗？是的。这是因为成功与金钱、权力以及任何世俗的衡量标准毫不相干。正直意味着遵从自己的良知。如果你追求正直并且发现了它的真谛，你就一定是一个成功者。

（选自百度阅读《中国人的95种性格及其命运》，原文有删改。）

短文二

一个人正直意味着他有某种内在原则。当今社会物欲横流，世风日下。每个年轻人都要面对前所未有的诱惑和选择。一个正直的人，在面对诱惑时，他会听从内心原则的呼唤。哲学家康德说过："世界上最使人敬畏的东西就是头上的星空和心中的道德律。"一个正直的人无论处于何种不利的境地，在他的心中始终有原则这根弦的存在。

每个年轻人都渴望成功。为了成功我们可以做种种努力，但无论如何绝不能出卖自己的良心。一旦你用灵魂和魔鬼做交易，纵使有一天达到目的了，你还是会知道你并非是一个成功的人，而是一个出卖了灵魂的人。

正直意味着有勇气坚持自己的信念。当今社会是浮躁的，也是功利的。人一踏入社会，就要面对很多的挑战和压力，这是考验一个人是否正直的关键时刻。面对知名人士和权威观点的挑战时，你能否大胆地说"不"；面对金钱和权利的诱惑时，你能否恪守自己的道德信念。当眼前的利益和良心相悖时，我们要有一股正直的勇气，捍卫我们内心做人的信念。

人的品格是世界上最伟大的一种力量。无论将来从事何种职业——教师、医生、商人、公务员或者农夫，我们都要铭记我们是在做一个"人"，要做一个具有正直品格的人。失去了正直，人生也就失去了意义。

（选自百度知道《长篇作文帮助》，原文有删改。）

2. 提示题

请结合上面两篇文章，谈谈：(a) 做人正直的重要性；(b) 如何面对生活中的挑战。

3. 答题步骤

（1）找出 15～17 个重点句子

（a）关于"做人正直的重要性"的要点

正直的荣誉可流芳百世。

做人正直是立身之本、处事之基。

做人一定要走得直、行得正。

古语说："己不正，何以正人？"

正直还会给一个人带来别人的友谊和尊重。

正直是万无一失的成功的秘方。

正直意味着遵从自己的良知。

如果你追求正直并且发现了它的真谛，你就一定是一个成功者。

（b）关于"如何面对生活中的挑战"的要点

一个人正直意味着他有某种内在原则。

一个正直的人，在面对诱惑时，他会听从内心原则的呼唤。

一个正直的人无论处于何种不利的境地，他的心中始终有原则这根弦的存在。

正直意味着有勇气坚持自己的信念。

当眼前的利益和良心相悖时，要有一股正直的勇气，捍卫内心做人的信念。

人的品格是世界上最伟大的一种力量。

我们都要铭记我们是在做一个"人"，要做一个具有正直品格的人。

失去了正直，人生也就失去了意义。

（2）将找出的要点组织成自己的文章

提示：文中的例子可删略，比如，短文一的第3、4、5段。找出的点可以多过15个点。先把有引导性的句子写出来，再写中间核心部分，最后写有总结性的句子。写的时候要尽量用到所有找出来的重点句子。以下范例中的数字标号即为从原文中找出来的重点句子。

4. 参考答案

正直

人的品格是世界上最伟大的一种力量（1），而在许许多多优秀品格中，正直可以说是最重要的品格之一（2），因为正直的荣誉可以流芳百世（3）。

古语说："己不正，何以正人？"（4）意思就是，做人一定要走得直、行得正（5），给别人做出榜样。只有这样，才能得到别人的友谊和尊重（6）。那么，什么是正直呢？正直是做人的立身之本、处事之基（7）。正直意味着遵从自己的良知（8），不要做一个虚伪的人；正直同样意味着有勇气坚持自己的信念（9），意味着他有某种内在原则（10）。不论在什么情况下，要坚持自己正确的原则，做自己觉得正确的事情。正直是万无一失的成功的秘方（11）。如果你追求正直并且发现了它的真谛，你就一定是一个成功者（12）。

人的一生充满各种各样的挑战和诱惑。一个正直的人在面对诱惑时，他会听从自己内心原则的呼唤（13），不会轻易受周围人的影响。一个正直的人无论处于何种不利的境地，在他的心中始终有原则这根弦的存在（14），不会轻易放弃自己的理想。当眼前的利益和良心相悖时，我们要有一股正直的勇气，捍卫我们内心做人的信念（15）。

总而言之，无论何时何地，我们都要铭记我们是在做一个"人"，做一个具有正直品格的人。失去了正直，人生也就失去了意义（16）。

例题二

1. 试题中提供的两篇原文如下：

短文一

一个成功的人一定要有"我能行"的成功意识和不怕失败的自信心。科学家对一些成功人士的调查表明，他们同时还具有不盲目崇拜权威的重要特征。美国的心理学家曾对一些学生进行长期跟踪，发现智力、成绩相似的学生几十年后成就相差很大。究其原因，不是智力的差异，而是性格特征方面的不同。

中国人历来称颂谦谦君子，就算很有能力的人口头上也要常说"我不行"。如果一个人常发表自己的见解，不总是同意别人的看法，就会被别人认为是狂妄之徒。这种偏见扼杀了人们的创新精神。对年轻学生来说，这体现在他们很容易相信书本上所说的东西，不会批判性地分析问题，对老师和长者的话也常常是言听计从。

"我能行"并不是一种狂妄态度。脑科学研究表明，人的智力相差是不大的。每个人都拥有极大的潜力，绝大多数人的大脑只开发了很小的一部分。一般情况下，一棵番茄只能结二十来个果实，但日本科学家栽培出的一棵番茄却结了一万三千个果实。其实我们每个人都是一棵这样的番茄。

每个人都可以自豪地说"我能行"，但有些人却不是这样。他们给了自己一种心理障碍，总是说"我不行，我不行"。他们不愿意主动地学习，不会勇敢地往自己肩上增添压力，在生活中想各种办法逃避挑战。遇到一点儿困难就心灰意懒，这种失败意识减少了成功的可能性。这都是因为"我不行"是一种有害的意识。

中国著名企业家俞敏洪在高中和大学都成绩欠佳，但他相信自己的能力，不懈努力，终于取得了成功。聋哑作家和政治活动家海伦·凯勒曾说：坚定的信心能使平凡的人做出惊人的事业。"我不行"的消极态度危害太大了。如果连想都不敢想，将来又怎么能大有作为呢？

（选自华语网 http://www.thn21.com/Article/yi/146.html，原文有删改。）

短文二

　　自信心的养成非朝夕可达，培养自信的最重要前提就是要具备耐心，没有耐心的话就什么都做不成，更别提什么自信了。

　　真正自信的人通常相信自己的学习能力，所以面对挑战的时候他们不会怕，不会心虚，因为他们知道"大不了去学嘛"。自学能力是一个人一辈子成长的基础，学得多了能力自然也就强了，一个人会因为具备学习能力而更加自信。只要花时间真正精通了一种技能，那么学习其他技能就会变得更轻松。没有人无所不能，就算拥有真正强大学习能力的人也无法做到无所不能。有些领域确实需要天分，在自己不擅长的地方该承认就要承认——这没有什么不好意思的。不敢于面对自己的不足就多了一个心理负担，最终肯定会使自信心受损。

　　大声说话也好，衣着正式也罢，最多只能让一个人"显得"自信，而非真正自信。做任何事情，如果想要有把握、有信心，就一定要提前做足功课，这样想不自信都难。然而，自信并不等于自以为是，自以为是的人最终都会被现实砸烂。中国人说"谋事在人，成事在天"。不要理会运气，该来的时候它自然会来，重要的是要不懈努力。

　　谁都需要周围人的支持与关心。一个人有了真正的朋友才能够更好地面对生活的挑战，才会比较自信。小心选择朋友，因为你将与他们分享你的生命。

　　完美总是好的，但并不总是能够做到。事事追求完美的结果只有一个：永远达不到自己想象中的理想状况。学会在这个不完美的世界里不完美地生存，是一种难得的智慧。就算做不到最好，也能做到更好。深刻理解"不完美才是常态"的人才不会轻易失去自信。

　　（选自《如何变得有自信》www.wkgoto.com/i/246196.html，原文有删改。）

2. 提示题

　　请结合上面两篇文章，谈谈：(a) 自信心的重要性；(b) 如何使自己成为一个自信的人。

3. 答题步骤

（1）找出 15～17 个重点句子

（a）自信心的重要性

只有自信才能成功／有作为。
只有自信才能创新。
不随大流／不人云亦云。
只有自信才能不盲目崇拜权威。
不言听计从／只相信书本／批判性地分析问题。
只有自信才能发挥潜力。
只有自信才能不怕失败。
只有自信才能主动学习。
只有自信才能不怕压力／挑战／困难。

(b) 如何使自己成为一个自信的人
克服"我不行"的消极态度，建立"我能行"的积极意识。
要有耐心。
要有学习／自学的能力。
要承认自己的不足。
要做足功课／充分准备。
要不懈努力。
要有真正的朋友。
不要追求完美。

（2）将找出的要点组织成自己的文章

提示：每一个点只用1～2句话写就可以了，不需要抄太多。一般来说，例子都不需要写进去。

4. 参考答案

自信心

自信心非常重要，因为只有自信才能成功（1）。

自信心可以让人们不怕失败（2），勇于创新（3）。对年轻人来说，自信心不会让他们言听计从（4），不会盲目崇拜权威（5）。还有，有自信心的人更能够发挥潜力（6），把自卑心赶走。在学习方面，有了自信心就可以使学生主动学习（7），而且不怕困难、压力和挑战（8），从而成功。

想成为一个有自信心的人，首先要有"我能行"的态度（9）。培养自信心时，一定要有耐心（10），因为没有耐心，什么事都做不成。如果你能提前做足功课（11），就一定会更有把握、更有信心。自学能力也很重要（12），因为学的多了，能力自然也就强了，从此更加自信。其次，不要理会运气，因为运气该来的时候自然会来，重要的是要不懈努力（13）。除此之外，周围人的支持和关心对培养自信心也不可少，所以要自信就要有真正的朋友（14）。最后，完美虽然是好的，但人不可能什么都能做到，所以，我们要自信的话，就不可以常常追求完美（15），否则永远都会觉得自己做得不够好。

例题三

1. 试题中提供的两篇原文如下：

短文一

中国科学院院士谈家桢是世界著名科学家，因在遗传学领域有独特发现而荣获杰出科学家奖。通过谈家桢的童年始步，我们可以看到家庭教育对孩子的成长是很重要的。

谈家桢并没有出生于一个条件优裕的家庭，他的母亲虽然没有文化，但是心地善良、克勤克俭又教子有方。她有六个孩子，家里又穷，其艰难困苦的程度可以想见。他的父亲谈振镛原先只是在镇上的一家小杂货铺里当学徒，后来依靠亲戚的力荐，才进了当时的邮政局，当了一个小小的邮务。因为父亲的工作经常在省内各地频繁调动，经常搬家。幼年谈家桢就在这样动荡不安的环境中渐渐长大。在家时他有个小名叫阿祥，因为宁波话里"祥""强"的发音一样，再加幼年谈家桢生性活跃顽强，所以大家都以为他叫"阿强"。

母亲对他很宽容，允许他做自己想做的事。不论谈家桢怎么野，他的母亲总会将他搂在怀里，不让严厉的父亲对他施以拳脚。渐渐地，他父亲也看到了儿子的爱好，就不怎么过分限制他了。幼年的他喜欢接近大自然，会上树捉知了，看它究竟是怎么唱歌的，也会长时间地趴在地上看蚂蚁搬家。他对周遭的事物样样都充满好奇心，因而什么都想看个明白，什么都想亲自动手去弄一弄。幼年的谈家桢广泛接触了大自然，与土地、生物逐渐亲近起来。这一点对他的成长至关重要。正是幼年对草木枯荣、动物生死等种种自然现象的细微观察和感知，才让他逐渐萌生起进一步探索生命密码的念头。

谈家桢五岁时，由于家庭经济不很宽裕又总是搬家，临时找学校不容易，谈振镛决定自己授课为孩子们启蒙，当然主要是教孩子们认字。谈振镛粗通文墨，更深奥的知识他也传授不了，偏碰上谈家桢绝顶聪明，学得很快，所以他很快就觉得自己已无法胜任教职了。但孩子们的文化教育又一刻也不能耽误，怎么办呢？进普通学校费用高，中途又不能随便插班，于是他就决定送孩子们进私塾念书。从此以后，父母为了让他继续升学千方百计地创造条件。就这样，他从初中、高中、大学一路念下去，最后又到美国留学。

他成功了。我们何尝不可以这么说：他的最终成功是以家庭教育的成功作为基础的。

（引自《院士谈家桢的童年始步》www.awzx.net，原文有删改。）

短文二

在造成今日的我之各种感染力中，要以我在童年和家庭所身受者为最大。我对于人生、文学与平民的观念，皆在此时期受到最深刻的感染力。究而言之，一个人一生出发时所需要的，除了健康的身体和灵敏的感觉之外，只是一个快乐的孩童时期——充满家庭的亲情和美丽的自然环境便够了。在这条件之下生长起来，没有人会走错的。在童时，我的居处靠近自然——有山、有水、有农家生活。因为我是个农家的儿子，我很以此自诩。这样与自然能有密切的接触，令我的心思和嗜好显得十分简朴。这一点，我视为极端重要，令我建树一种立身处世的超然观点，而不致流为文艺的、学院的，或其他种种骗子。

在我一生，直迄今日，我从前所常见的青山和儿时常在那里捡拾石子的河边，种种意象仍然依附在我的脑中。它们令我看见文明生活、文艺生活和学院生活中的种种骗子而发笑。童年时这种与自然接近的经验，足为我一生知识的和道德的至为强有力的后盾；一与社会中的伪善和人情之势利互相比较，至足令我鄙视之。如果我有一些健全的观念和简朴的思想，那完全是得之于闽南坂仔之秀美的山陵，因为我相信我仍然是用一个简朴的农家子的眼睛来观看人生。

如果我会爱真、爱美，那就是因为我爱那些青山的缘故了；如果我能够向着社会上一般士绅阶级之孤立无助、依赖成性和不诚不实而微笑，也是因为那些青山；如果我能够窃笑踞居高位之愚妄和学院讨论之笨拙，都是因为那些青山；如果我自觉我自己能与我的祖先同信农村生活之美满和简朴，又如果我读中国诗歌而得有本能的感应，又如果我憎恶各种形式的骗子，而相信简朴的生活与高尚的思想，总是因为那些青山的缘故！

（选自林语堂《我生之初尚无为》，原文有删改。）

2. 提示题

看了以上两篇文章，用自己的话说说：（a）谈家桢和林语堂的童年和生活环境的异同；（b）童年和家庭对谈家桢和林语堂一生的影响。

3. 答题步骤

（1）找出 15～17 个重点句子

（a）谈家桢和林语堂的童年和生活环境的异同

不富裕的家庭。

谈家桢儿时生活动荡不安。

父母注重对孩子的教育／谈家桢父亲教他读书。

谈家桢上了私塾，初中、高中、大学，去美国留学，父母给他创造了学习条件。

谈家桢喜欢自己动手，想把事情弄明白。

谈家桢萌生了探索生命密码的念头。

林语堂是农家的儿子。

林语堂儿时常在青山、河边玩儿，过着农家生活。

文学诗歌之美妙，人生、文学与平民的观念。

（b）童年和家庭对谈家桢和林语堂一生的影响

童年的基础对未来的影响很大。

有快乐童年的人不太会走错人生的路。

一个家庭里充满亲情很重要。

如果对孩子宽容，他会更能成功。

接触大自然对成长很有利，能成长在一个美丽的自然环境下是很好的。

（接触大自然有助于）一个人建树正确的处世观点，拥有高尚的思想，健全的观念，简朴的思想，能看到生活中的虚伪，有一种立身处世的超然观点，鄙视伪善。

（2）将找出的要点组织成自己的文章

4. 参考答案

童年和小时候的生活环境对未来有深远的影响。谈家桢并没有出生在富裕的家庭（1）。由于父亲工作的缘故，他们不得不常常搬家，因此谈家桢从小在一个动荡不安的环境中长大（2）。幸好，他的父亲非常注重孩子的教育，不仅教他读书（3），而且为他创造学习条件，供他读书（4）。不但如此，谈家桢的父母对他还很宽容，允许他做自己喜欢的事。儿时的谈家桢富有好奇心，什么都想看个明白，什么都想自己动手弄一弄（5）。正因如此，他逐渐萌生了探索生命密码的念头（6）。同样的，林语堂从小生活条件也不算优裕，作为农家的儿子（7），他儿时过着农家生活，住所也靠近大自然，所以常在青山、河边玩耍（8）。从小的生活环境，以及与大自然密切的接触，令林语堂用农家子的眼睛看待人生，让他相信农村平民生活的美满和简朴，也让他更能领悟中国诗歌与文学的美妙（9）。

正如以上所说，童年和家庭对一个人未来的影响很大（10）。正因为谈家桢和林语堂都拥有一个天真烂漫的快乐童年，因此与其他人比较，他们误入歧途的机会更小，不太会走错人生的路（11）。不仅如此，充满亲情的家庭对一个人的成长也很重要（12），谈家桢和林语堂的父母正是如此，他们不仅关爱自己的孩子，还给予他们足够的空间，一点儿也没有限制他们，父母的鼓励也促成了他们长大后卓越的成就。可见，对孩子宽容，孩子更有可能获得成功（13）。除此之外，能在一个美丽的自然环境下成长对孩子十分有帮助（14）。在大自然的呵护下成长，令谈家桢和林语堂对生命有着正面的态度。由此可见，接触大自然可以令孩子树立正确的处世观，让他们用简朴的眼睛和高尚的思想来看待生活（15）。

类型二：概括及回应

什么是"概括及回应"

"概括及回应"类型的考题同样基于两篇阅读文章，但与"15点"不同的是，"概括及回应"中只有一个提示问题，并且要结合自己的经历，联系两篇阅读文章，回答此提示问题。回答此类考题时，切记不可只谈自己的观点和经历，也不能只总结两篇阅读文章。"概括与回应"类作文要求对原文的观点提炼和总结，以及描述自己的经历，缺一不可。

构思导图

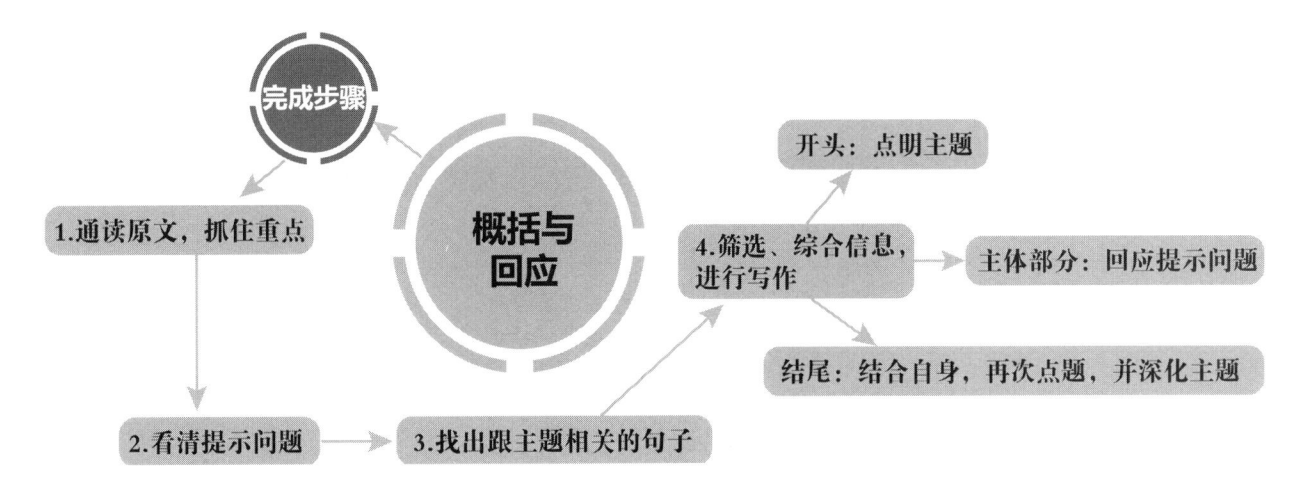

```
完成步骤
                              开头：点明主题
1.通读原文，抓住重点
                 概括与    4.筛选、综合信息，
                 回应      进行写作        主体部分：回应提示问题
2.看清提示问题 → 3.找出跟主题相关的句子
                              结尾：结合自身，再次点题，并深化主题
```

写作要点

1. 通读原文，读懂内容，抓住要点。
2. 看清提示问题。
3. 找出跟主题紧密相关的句子。
4. 须根据两篇短文所表达的事实、想法和观点做出分析、评价与扩展，并筛选和综合相关的信息完成写作。
5. 不可写成读后感。
6. 用规定的文体格式写。
7. 字数350字左右，其中语言10分，内容15分。

例题一

1. 试题中提供的两篇原文如下：

短文一

六点钟的北京，晨色雾蒙蒙的，天空还不够明亮，胡同里只有零星的行人。大栅栏大街的两旁，卖早点的已经营业了，招呼声此起彼伏，热气腾腾里，开始了一天的忙碌。在京城的繁华之所，琐碎的市井生活日复一日地上演着，充满了油烟味，又充满了人情味。李志成拖着行李箱，匆匆地穿过悠长的胡同，穿过大栅栏大街，走到路口的时候，他回头望了一眼。今天就要离开这里，离开北京，回到生我养我的故乡，心里满怀着兴奋。

李志成来北京十多年了，读本科，读研究生，上班，时间过得很快，但他还是没有真正融入北京，他把心留在了家乡。从清华环保专业硕士毕业后，就来到国家环保总局工作，本来，他可以拥有北京户口，但他自动放弃了。这些年，房子一直是租的，现在上班了，虽说待遇不错，但北京的房价，每平米超过一万元，哪里买得起？何况，他挣的工资，大多寄给父母了。父母为供自己上学，向亲戚借了不少钱，父母当初承诺，等孩子挣工资后就还钱，现在他上班了，当然不能失信于人。

女友朱怡娟曾经问过他："大栅栏大街是北京著名的热闹地方，你住在那么嘈杂的环境里，一点儿都不烦吗？"李志成笑道："大隐隐于朝，中隐隐于市，小隐隐于野，我这是中隐，怎么会烦呢？"朱怡娟笑道："你是学环保的，应该知道，噪音也是一种污染，大栅栏繁华喧闹，你每天出入这样的环境，我担心会影响你的心情。"李志成笑道："这不是噪音，这是生活，我们每个人，不都融在里面吗？何况，嘈杂的只是外部环境，只要内心平静，就不会受到干扰。"朱怡娟笑道："难得你心态不错，我那年真没救错人。"

昨天，同事小顾通知他，说领导找他有事。李志成以为又要出差，因为他没结婚，每当查处重大污染问题，他都是志愿者之一。有人的地方就有污染，在经济飞速发展的今天，环保问题正日益突出，就是南极北极、喜马拉雅山，也难以幸免。让李志成没想到的是，这次不是出差，而是一纸调令！领导说："太湖暴发蓝藻，情况严重，我们环保总局将派出工作组前去调查，考虑到那里是你的老家，为了长期有效地监督当地环保情况，经过我们协调，将你借调到东吴环保局担任副局长，妥善处理这次蓝藻事件，并做好相应的善后工作，希望你好好工作，接受基层锻炼！由于事情急，任务重，你明天就启程！"

（选自《环保局长》李明诚，原文有删改。）

短文二

28年的时光，4月22日"地球日"从美国走向了世界。但是当人类回眸我们美丽的家园时，我们的心中充满了忧虑和不安。

一组触目惊心的数字

全世界每年生产的有害物质高达3.3亿吨，这些有害物质含有重金属、有机化合物等物质，它们污染了空气、水域、土壤和地下水。全球每年排放到空气中的铅为200万吨，砷78000吨，汞11000吨，镉5500吨，超过自然背景值20～300倍。

全世界每年倾入大海的船舶废物达640万吨，从船上扔进大海的塑料集装箱500万只，渔民每年倾倒进海洋的塑料包装材料22000吨。此外，每年从陆上和海上作业中排入大海的石油在200万至2000万吨之间，其中油船漏油40万吨。

南极臭氧空洞正以每年一个美国陆地面积的速度增大。12%的哺乳动物和11%的鸟类濒临灭绝，每24小时有150到200种生物物种从地球上消失。

地球上原有2/3的陆地约76亿公顷的面积为森林所覆盖，而到20世纪80年代森林面积不足28亿公顷。目前，全世界的森林正以每年1800万公顷的速度从地球上消失。

一个势在必行的行动

爱护环境，保护环境，人们为此已经做出了种种努力。1972年10月，第27届联合国大会通过决议，将6月5日定为"世界环境日"。

为了提高公众保护水资源、珍惜水资源的意识，第47届联合国大会于1993年1月8日做出了关于确立"世界水日"的决议，决定从1993年开始，确立每年的3月22日为"世界水日"。

联合国大会于1994年12月19日通过49/114号决议，将每年的9月16日定为"国际保护臭氧层日"。

（选自《环保问题应成为学校教育中的一个重点》，http://xzwmdw.cnxz.com.cn/home/content/?14355-4074011.html，原文有删改。）

2. 提示题

根据以上两篇文章的内容，结合你自己的经历，给校报写一篇文章，讲一讲环保与每个地球人的关系。

3. 参考答案

环保与我们的关系
高大明

众所周知，现在的环境问题日趋严重，严重影响着我们每一个人的生活环境，所以，环保和我们每个人都有着密不可分的关系，与我们每个人的生活息息相关。（根据文章一和二，开头点明主题"环保与我们的关系"。）

如果不重视环保问题，不但我们的生命会受到威胁，而且我们赖以生存的地球也会灭亡。比如，在第二篇短文中，我们就可以看到全世界每年都在生产大量的有害物质，污染空气、水域、土壤和地下水。另外，海上垃圾也在以惊人的速度不断增加，严重污染海洋。还有，全世界的森林面积一年比一年少，很多动物失去了它们的家和食物，濒临灭绝。所以环保问题既重要又紧迫。（根据文章二中的例据，再次证明"环保问题的重要和紧迫"。）

为了提高人们关注环保的意识，现在全世界设立了很多特殊环保日，包括地球日、世界环境日、世界水日、国际保护臭氧层日，等等。另外，我们每个人也都要像第一篇短文中的普通市民李志成一样积极投身于环保事业。李志成为了义不容辞的责任，毅然放弃住在北京的机会，离开自己的女朋友，只身回到发生重大污染问题的太湖。（用第一篇短文中的例子说明"如何可以为环保事业贡献自己的力量"。）

我们身为学生，也是社会的一份子，也应该意识到自己的责任，从日常生活的每一件小事做起，为环保做出力所能及的贡献。（结合自己的身份和生活说明自己可以如何为环保做贡献。）

例题二

1. 试题中提供的两篇原文如下

短文一

男孩与他的妹妹相依为命。父母早逝，她是他唯一的亲人。所以男孩爱妹妹胜过爱自己。

然而灾难再一次降临在这两个不幸的孩子身上。妹妹染上重病，需要输血。但医院的血液太昂贵，男孩没有钱支付任何费用，尽管医院已免去了手术费，但不输血妹妹就会死去。

作为妹妹唯一的亲人，男孩的血型和妹妹相符。医生问男孩是否勇敢，是否有勇气承受抽血时的疼痛。男孩开始犹豫，十岁的大脑经过一番思考，终于点了点头。抽血时，男孩安静地不发出一丝声响，只是向着邻床上的妹妹微笑。抽血完毕后，男孩声音颤抖地问："医生，我还能活多长时间？"

医生想笑男孩的无知，但转念间又被男孩的勇敢震撼了。在男孩十岁的大脑中，他认为输血会失去生命，但他仍然肯输血给妹妹。在那一瞬间，男孩做出的决定是付出一生的勇敢，并下定了死亡的决心。

医生的手心渗出了汗，他紧握了男孩的手说"放心吧，你不会死的，输血不会丢掉生命。"男孩眼中放出了光彩："真的？那我还能活多少年？"医生微笑着，充满爱心地说："你能活到100岁，小伙子，你很健康！"男孩高兴得又蹦又跳。他确认自己真的没事时，就又挽起了胳膊——刚才被抽血的胳膊，昂起头，郑重其事地对医生说："那就把我的血抽一半给妹妹吧，我们两个每人活50年！"

所有的人都震惊了，这不是孩子无心的承诺，这是人类最无私最纯真的诺言。

（选自《闪亮的青春之火：最感人的小说》，https://books.google.com.hk/books?id=xZBiAgAAQBAJ，原文有删改。）

短文二

一棵有毒的树矗立在路旁。第一种人大老远看见了，赶紧绕路而行，他们一点儿也不愿接近，深怕不小心会中毒。第二种人来到了树边，看见这棵树，马上就想到它的毒素，急着要砍除它，以免有人受害。第三种人有着不同的心态，愿意带着慈悲心去思索：这棵树也有生命，不要轻易地毁掉。于是他在树旁圈上篱笆，注明有毒，以此避免危害到路人。第四种人在看见这棵树的时候会说："喔，一棵有毒的树！太好了，这正是我要的！"他们开始研究树的毒性，提炼了毒素，与其他成分混合，制成了可以救人的药材。

你认为人生是什么呢？如果有一个造句，"人生是……"或"人生像……"，你会怎么完成这个句子呢？用直觉，就是脑海里直接浮现出来的答案，我们不是在写作文或进行造句，不需要修饰成优美的语句。"我的答案是人生如戏"，一位看起来吊儿郎当、凡事不在乎的男士可能会这样说。"从小我看着爸爸妈妈为这个家打拼，一直认为人生是很艰辛的。"即使这位女学员没有说出来，从她愁眉不展的神情，也可以猜想得到答案。"人生是一场无休止的竞赛"，这位学员有着非常明显的"宁为鸡首，不为牛后"以及"只有第一，没有第二"的刚毅性格。难怪他说自己当年没有考上第一志愿的高中，就放弃已考上的第二志愿，毅然去当兵。还有人说"人生是来还债的"，这样的想法，虽然宽慰了受到创伤或不平待遇时的怅惘，但回答这个问题的学员，似乎有着很深的无奈。

人生到底像什么？这的确是个见仁见智的问题，然而也正是因为有这么多种对人生不同的态度，形成了各不相同的生命剧本。我们对人生的诠释，其实也就是内在潜意识的外在表现，自然也就活出那种形态的生命形式。

于是我们看到，有些人终其一生，始终扮演着苦情哀怨的主角；有些人虽然会赚钱，但却始终留不住钱；有些人最擅长演出的就是悲剧英雄。

还有一位学员在课堂上赫然发现，自己不论在婚前、婚后，在家庭、公司，虽然是有女儿、太太、媳妇、职员等各种不同称呼，但总括而言，结果只有一个——为别人活，完全没有自我。

"人生永远是朝向你所思考的方向前进"，就像开头故事中的那棵树，你用不同的方式对待，就会导致不同的结果。

（选自谷歌图书《熟悉的地方没有景色》，https://books.google.com.hk/books?id=OWMcCgAAQBAJ，原文有删改。）

2. 提示题

根据以上两篇文章的内容，结合你自己的经历，讲一讲"爱与生命，孰轻孰重"的问题。

3. 参考答案

爱与生命，孰轻孰重

爱与生命哪个更宝贵呢？那当然是爱！没有爱的人生是枯燥的。爱会给人力量、给人勇气，爱可以改变人生。（文章开头点明观点，说出全文的主题。）

在第一篇短文中，那位失去父母的十岁男孩对妹妹的爱超过了对自己的爱。在男孩认为输血会死的前提下，仍然勇敢地选择给妹妹输血，去挽救生命垂危的妹妹。当得知妹妹得救后，男孩又愿意和妹妹平分生命，共享人生。（用第一篇短文的故事做论据，支持自己的观点。）

不同的人对人生有不同的态度：有的人一生积极乐观、精彩万分；有的人却消极悲观、苦闷单调。有言道：性格决定命运，而命运决定人生。（第二段开头写出主题句，说明人对待人生的态度决定了自己的命运。）在第二篇短文中，作者用了"一棵有毒的树"来比喻生命中的困难和危机。通过四种人对"毒树"的处理态度写出不同类型的人对人生中所遇到的困难与危机的不同看法。作者把逃避型（第一种人）、激进型（第二种人）、慈悲型（第三种人）和贡献型（第四种人）的人一一呈现在读者眼前。（运用第二篇文章中的两个例子，并加以概括，以此作为自己观点的论据。）

人的一生会有很多困难与挫折，也会有很多改变生活的决定，每个选择、每个决定都可能是人生的转折点，引领人生向着不同的方向行进。作为学生，我们第一个重要的人生选择将是上什么样的大学和学什么专业。这个决定将影响着我们今后的人生道路，但无论做出什么选择，我觉得人生都应该是积极乐观的。（结合自己的经历，说明"人生态度"和"人生选择"在自己的生活中扮演着怎样的角色。）

无论今后的人生道路是怎样的，我们从事的工作是什么，只要我们生活在这个世界上，我们就要为社会做出贡献，用爱去拥抱这个世界。（结合自己的经历，总结全文内容，再次重申自己的观点。）

例题三

1. 试题中提供的两篇原文如下：

短文一　春节

春节是中国的传统节日中最重要的一个。说它重要，除了放假时间长，还因为它的习俗多。比如贴春联、贴福字、除夕放鞭炮、三十晚上全家要团圆、一起吃饺子等等。有些传统的习俗今天已经消失了，有的一直流传到现在，它的一些特别的讲究也随之保存了下来。

首先讲究"新"。中国人过春节也叫过年，因为它是阴历旧年的结束、新年的开始。新年前，家家都要把房子打扫干净。这可不是随随便便地扫扫地、擦擦桌椅，而常常是全家一起动手，把一年不动的家具都搬出来，把房间彻底打扫一遍。这样一收拾，房子就像新的一样。此外，买新衣服也是家庭主妇们春节大采购的一个重要内容。

其次讲究"吃"。以前是"初一饺子初二面"，饺子面条就是美味佳肴。现在，人们生活好了，几乎家家过年都要买很多的食品，做很多菜，非常丰盛。一般家庭，夫妻两个平时都忙于工作，没有时间讲究吃喝，正好借这个机会改善改善。

第三讲究"拜年"。平时，大家工作都很忙，没有时间走亲访友。春节放假时间比较长，亲朋好友正好可以在一起聚一聚，互相问候问候，交流一下资讯，联络一下感情。不过，去亲戚朋友家拜年，最好别忘了带一点儿礼物，特别是别忘了给孩子们压岁钱。朋友到家里来，也要拿出准备好的瓜果茶点，大家一边吃一边谈，非常开心。

过一次春节，人们常常要花很多的时间和精力来采购、做饭、打扫房间、走亲访友、招待亲友，休息的时间反而比较少。所以，过年以后，人们见面常常说"很累"，但是，下一个春节人们还是这么过。

（选自《语言学习》gogakuru.com，原文有删改。）

短文二　轻松开心过春节

随着人们生活节奏的加快，春节家人团聚的时候，很多人不愿意把过多的时间和精力花在厨房里。现在，市场上有了净菜公司，专卖干净的菜和已经加工成半成品的鸡、鱼、肉等，洗好、切好、配好，您只需几十分钟，就可以轻轻松松地做出一桌美味佳肴。一些大城市里的净菜公司在春节期间生意都非常好，有的净菜公司在过节期间还出现了顾客排队等候的景象。

在某高校工作的陈先生和王女士是一对事业型的夫妻，俩人各有各的事业和追求，平时没有太多的空闲时间与双亲和兄弟姐妹团聚。春节期间，他们打算在自己的家里招待家人。陈先生在净菜公司预定了冷盘、半成品菜、八宝饭和卤制品等。家人来后，只需将配好的半成品炒一炒，热一热，不一会儿，十来个菜就上了桌，新鲜、干净又省时。主人呢，既不用去菜市场讨价还价，又省掉了洗菜的烦恼，还能有更多的时间和家人在一起，轻轻松松地享受浓浓的亲情。

平时，人们都为工作、学习而各自奔忙，聚在一起的时间和机会也不是很多。春节期间，昔日的同学好友、儿时的伙伴相约而聚，痛痛快快地喝几杯，热热闹闹、开开心心地聊一阵，家事国事天下事，东西南北、海阔天空，好不畅快！

徐先生在医院工作，这几年春节和朋友、同事相聚都在餐馆，酒足饭饱之后，在点点烛光下，大家围坐在一起，一壶茶，一碟瓜子，或者畅谈工作生活的情况，或者回忆美好的往事，或者诉说自己的烦恼和难题，末了，再在歌舞厅拉开嗓门尽情地唱几段，放开手脚尽兴地跳一阵……徐先生说："这样的相聚，总让我回味无穷。如果在家与朋友相聚，烦劳家人帮忙不说，似乎还缺少点儿自在、恬静的气氛。"事实上，朋友相聚真正注重的并非吃些什么，而是大家在一起时的畅快心情。

现在，随着时代的发展，传统的过年方式有了很大的变化，春节期间的走亲戚、会朋友再也不是单纯的"吃"的概念：今天到你家去吃，明天到他家去吃，吃饱了肚子就满足。时代在变，饮食在变，传统的饮食观念正在逐渐被越来越多的现代意识所取代。

（选自《现代餐饮业发展趋势》fanwen.wenku1.com，原文有删改。）

2. 提示题

根据以上两篇文章的内容，结合你自己的个人经历，讲一讲春节传统习俗的变化。

3. 参考答案

春节的变化

春节是中国的传统节日中最重要的一个。

以前，中国人过春节的习俗特别多，比如贴春联、贴福字、除夕放鞭炮、三十晚上全家要团圆、一起吃饺子等等。中国人过春节首先要讲究"新"，因为春节是中国的新年，新年一定要有新气象。新衣服是必不可少的，所以，买新衣服也是春节大采购的一个重要内容。除了讲究"新"之外，中国人在春节还讲究"吃"，一年之中最丰盛的一餐一定非团年饭莫属了。团年饭有鱼有肉有饺子，代表在新的一年里日子过得红红火火。春节的第三个讲究就是"拜年"。去亲戚朋友家拜年时，最好别忘了带一点儿礼物，特别是别忘了给孩子们压岁钱。（第一段总结第一篇短文内容，说明过春节的"传统习俗"。）

以前的人过完春节都觉得"很累"，现在，随着人们生活节奏的加快，年轻人不愿意把过多的时间和精力花在厨房里。（第二段开头说明现代人对于过春节的心理变化。）越来越多的人要么叫外卖来家里吃，要么干脆约上亲朋好友一起去外面的餐厅吃饭。大家边吃边聊，或者回忆美好的往事，或者诉说自己的烦恼和难题，吃完饭再去唱唱卡拉OK。越来越多的人认为，朋友相聚真正注重的并非吃些什么，而是大家在一起时的畅快心情。（从第二篇短文中，找出例据，讲明现代人过春节的习俗的改变。）

现在，随着时代的发展，中国人传统的过年方式有了很大的变化，而且时代在变，饮食在变，传统的饮食观念也正在逐渐被越来越多的现代意识所取代。（最后一段开头说明中国人传统的过年方式发生改变的原因。）当然，作为小孩子，我希望"发红包"这个春节习俗不要改变，因为我觉得这是一个非常好的传统。（结合自己的身份和经历，加入自己对于"春节习俗"的观点。）

类型三：回应式作文

（此类型为2018年新大纲规定的题型）

什么是"回应式作文"

"回应式作文"类型的考题与前两种概括性写作——"15 点"和"概括及回应"有所不同。学生将阅读两篇文章，并根据考题给出的情境和三个提示点，自己创作一篇文章。需要注意的是，学生写作的文章会有明确的文体格式、写作目的以及写作对象的规定，例如给朋友的一封信或电邮，或是给某杂志社写一篇专栏文章等。在此写作中，学生必须对两篇短文中的事实和观点进行分析、评价和扩展。在筛选和总结所阅读的短文中相关信息的基础上，加入自己的观点进行写作。但切记主题不可以偏离，内容必须涵盖所有的提示点。

构思导图

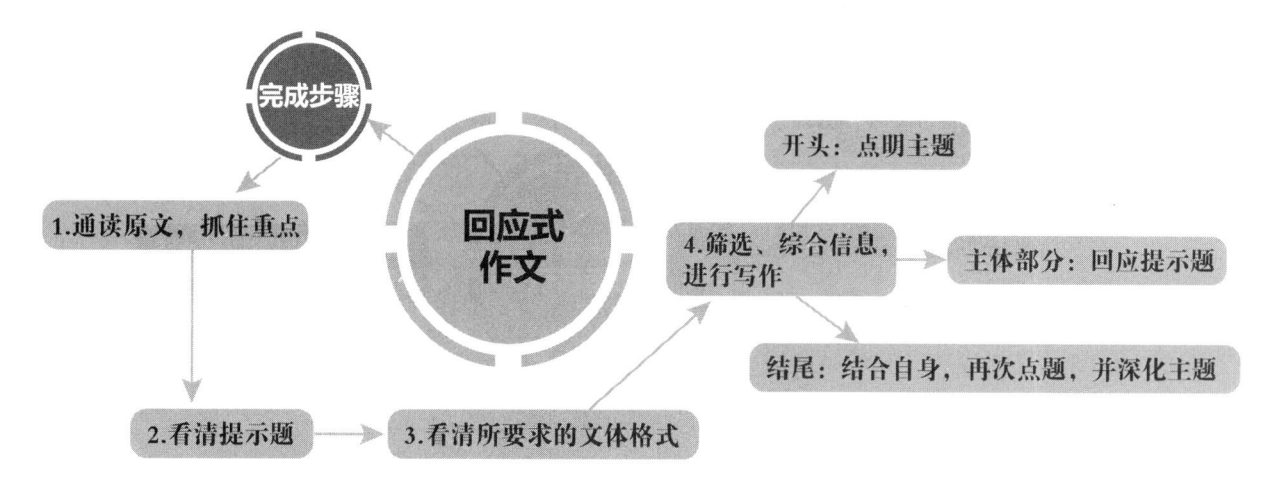

完成步骤

回应式作文

1. 通读原文，抓住重点
2. 看清提示题
3. 看清所要求的文体格式
4. 筛选、综合信息，进行写作

- 开头：点明主题
- 主体部分：回应提示题
- 结尾：结合自身，再次点题，并深化主题

写作要点

1. 通读全文，读懂内容，抓住主题。
2. 看清提示题。须根据两篇短文所表达的事实、想法和观点做出分析、评价与扩展，并筛选和综合相关的信息完成写作。
3. 不可以写成读后感。
4. 用规定的文体格式写。
5. 字数 250 ～ 350 字左右，其中内容 15 分，语言 10 分。

例题一

1. 试题中提供的两篇原文如下

短文一

当你走在都市街头，你会看到，男人穿花衣服正在成为一种时髦，而姑娘们也穿起了牛仔服、西装等这些原本属于男人的衣服。现在，你已经很难用传统的眼光去区别男女了。中性打扮成了时髦青年追求的新时尚。

最先成为中性服装的可以说是牛仔裤。这种耐磨耐脏又结实的裤子一出现，就受到了众多男女青年的喜爱。它那简洁明快的线条也很难让人感受到性别的差异。西服作为一种非常正式的男装已经有很长的历史了。但是，随着女性职业化程度的提高，越来越多的女性爱上了西装。她们将它稍微改动，穿在身上，显出一派现代女性的魅力。另外，像运动服装、旅游鞋等等，除了尺码大小以外，颜色和款式也已经没有男用和女用的区别了。

中性服装的流行，说明男式服装已经开始从传统的蓝黑走向色彩多变，款式也日趋多样化，女式服装则从繁琐复杂走向简洁明快，变得更加开放灵活了。这一切都体现出时代社会的进步和人们审美观念的变化。

（选自 MBA 智库百科《中性服装》，原文有删改。）

短文二

中国历史源远流长，各朝代服饰的款式、所用材料及颜色也层出不穷，它们特点迥异，反映了所在朝代的文化、生活及审美上的差异。可以说，朝代的更替史也是服饰的演变史。

先秦的人们穿的上衣一般有宽大的衣袖，拖地长裙，裙子上窄下宽，呈喇叭状，完全遮盖脚踝。到了汉朝，女子每层衣服的领子都必须露出来，层层叠叠超过三层，因此人们把那时的服饰称为三重衣。到了隋朝，女人的服饰变成短衣小袖，紧身长裙。为了体现女子的体态美，还把裙腰提高，以丝带系扎。可是唐朝，服装的流行款式又发生了变化。唐代妇女以微胖为美，裙子比较肥大。

中国朝代的变迁也带来了服饰的改变。明朝女装以淡雅朴素为时尚，到了清朝，人们普遍穿着长袍马褂，满族女子配马甲，而汉族女子则配披风。民国时期，女子普遍穿旗袍，尽显女子的优雅与美丽。到了现代，随着东西方文化的不断交融，服装也变得更加多样化，穿着也更加随意、更具个性，光是牛仔裤就有了喇叭裤、直筒裤、瘦腿裤等变化。

正如有些人所说，中国服饰的变化体现了中国历史文化的博大精深。

2. 提示题

你所住地区正在筹备举办一次时装展览，包括展示中国时装变迁史的作文比赛、时装摄影展和时装表演。你准备参加作文比赛。请写一篇250～350字之间的文章参赛，讲一讲服装时尚的问题。你要写：

——什么是服装时尚？
——为什么服装潮流会改变？
——服装跟人的气质有什么关系？

3. 参考答案

服装时尚
李红

服装随着时代的不同而变化多异，可以说是"与时俱进"。（开头说明全文主题，并简明扼要地回答了"为什么服装潮流会改变"的问题。）

在满清时代，大马褂成了人们的时尚服装，不管是富有还是贫穷都穿长袍，他们的区别在于富有的人用绫罗绸缎缝制，而贫穷的人用粗布剪裁。到20世纪80年代初期，年轻人穿起了喇叭裤，不管是男是女，特别是年轻人，都穿上了颜色不同的喇叭腿的裤子！那时裤子的喇叭越大显得越时尚。（追溯历史，用不同时代的特色服饰作例子说明服装是如何随着时代变化的。）

随着社会的进步，人们的思想变得更开放、更有个性，服装也在日新月异地变化着。现在我们走进商场，第一个感觉就是眼花缭乱，因为适合现代年轻人的服装颜色各异、款式新颖繁多。曾经人们在温饱还是个问题时，从不会考虑服饰，衣着打扮对他们来说也是次要的，所以衣服上有补丁是很平常的事情。可现在不同了，年轻人讲究的是另类、是个性。把补丁和破洞看成是一门艺术，看成是有个性的体现。（第三段联系时代的变化，人们生活水平的提升，进一步回答了"为什么服装会改变"的问题。）

每个人有每个人的穿法，因为每个人的气质都不同。有的人看上去极为严肃，这样他们应当穿得端庄才适合，有的人看上去很温和、温柔，这样他应当穿得典雅。（这一段选取例子恰当回答了"服装和人的气质有什么关系"的问题。）

时代在变化，服装也在不断变化。服装是随着时代变化的，符合时代的服装就是时尚。（最后一段总结全文，回答了第一道提示题——"什么是时尚"。）

（全文的语言正式、语气恰当，符合题目要求的文体格式。）

例题二

1. 试题中提供的两篇原文如下

短文一

手机游戏让孩子们爱不释手，手机短信更被称为第四媒体，然而，校园和课堂上响起的手机铃声也让家长和老师们感到担忧。

有的学生说没有手机日子是过不下去的。小王是个十四岁的女孩子，她有一百个必须拥有手机的理由：和朋友交换照片，妈妈能找到我，迷路时可以用手机确定所在地点，上网找材料……小王把手机拿给记者看，它是粉红色的，十分精巧。她说这是她的第三部手机了。最早那部是三年前妈妈给买的。她还说父母并未限定她的手机费用上限。

然而，学生上课使用手机的问题越来越引起教育工作者的关注。他们认为，学生使用手机时间过长会对学生的身体，特别是视力有非常负面的影响，而上课使用手机影响了学生对学习的专注力，导致学习成绩下降。学生上课使用手机也给老师的课堂管理带来了新的挑战。

对于为什么上课使用手机的问题，有的学生说主要是有学习需要，还有的学生直言是因为老师讲的内容没有吸引力，所以为了不让自己睡着，就使用手机来打发时间。

短文二

面对手机普及浪潮，学校应该如何应对呢？记者采访了一位教师。他告诉记者说，很多高中不禁止学生携带手机入校，但初中则是严禁的。他说最主要的原因是初中学生自制力差，如上课发短信，会造成课堂秩序的混乱。

尽管校方禁止学生携带手机入校，但并未禁止学生在校外使用手机。小王告诉记者，只要不在校园内用，老师就无可奈何。而且，学生有时会将手机设置成震动模式来接收短信，这样即使携机入校，校方也无法察觉。

最近，有的教师说应该对手机开禁。他们认为，手机现在已成为个人生活中的必需品。晚上孩子去夜校补习，如果带了手机，父母就放心。此外，参加学校活动外出数日的孩子，有手机就能随时与家长取得联系。再者，从经济角度上看，手机本身和通信费用都很便宜。至于手机引起的犯罪问题，有的教师主张，只要学生别给陌生人回信，不公开自己的手机号码，一般不会出现麻烦。

（选自百度文库《电子产品的利与弊》，原文有删改。）

2. 提示题

你的校长考虑禁止学生在课堂上使用手机。消息传出后学校里的许多同学感到非常失望，并且议论纷纷。请你给校长写封信，说一说你对上课使用手机的看法。你要写：

——上课时用手机对学习有什么影响？
——长时间用手机对身体有什么影响？
——什么是学生的主要任务？

3. 参考答案

尊敬的校长：

您好！我听说您正在考虑禁止学生在课堂上使用手机。对这个问题，不同的同学有不同的看法。而我认为学生不应该在课堂上使用手机。（开头点明自己的观点。）

首先，学生的自控能力较差。上课时用手机容易分散他们在学习上的注意力。有的同学一边听老师讲课一边低头玩儿手机里的游戏或者聊天，导致成绩越来越差。更糟糕的是，有的学生会因此沉溺于网络世界。

其次，上课时拿出手机会导致学生之间的攀比心理。看到别人有最新款的手机，自己也要有。看到别人的手机可以玩儿游戏、上网听歌，自己也要有一个比他更好的。这样就导致了攀比心理。这样的攀比心理对于学生来说是十分不利的。（回答了"上课时用手机对学习有什么影响"的问题。）

最后，学生如果过多地把时间花费在手机上，他们用在体育运动与锻炼上的时间上就会减少。这就会导致学生身体素质变差、抵抗力减弱等。经常低头看手机还会导致视力下降。现在很多学生都戴上了眼镜，有的甚至是高度近视。这就是经常低头玩儿手机的结果。（回答了"长时间用手机对身体有什么影响"的问题。这一段联系原文，同时加入自己的观点，逐条说出手机给学生带来的弊端。）

学生不应该在课堂上用手机。作为学生，我们的责任就是学习知识，充实自己。学生不应该把时间过多的花费在手机上，影响学习，影响自己的身心健康。所以，我认为学生上课时不应该用手机。（最后一段总结全文，回答了"什么是学生的主要任务"。）

此致，

敬礼！

学生：李明

2018年3月10日

（全文的语言正式、语气恰当，符合给校长写信的文体格式要求。）

例题三

1. 试题中提供的两篇原文如下

短文一　摆脱孤独要从自己做起

正值豆蔻年华的你体验到孤独并不可怕，这正是自我意识觉醒的一种表现。但是如果你最终不能从孤独中走出来，总是一味地回避社会，最后便可能把自己隔绝起来，得不到成长中所需要的信息和情感支持，并为此而感到深深的苦恼。

要想摆脱孤独可以从两个方向努力：一个方向是自己积极主动去接近别人，一个方向是通过改变自我使别人愿意接近自己。积极主动地接近别人的最好方法便是关心帮助别人。

当你看到周围的人有为难之处的时候，如果能主动伸出手去帮一把，很可能就为自己赢得了一位朋友，从而也帮助自己摆脱了孤独。

短文二

没有人会喜欢整天愁眉苦脸的人，也没有人会喜欢一脸清高孤傲的人。如果你渴望友谊和朋友，你就需要在某种程度上改变你自己。也许你并非不想理别人，只是不知道说什么才好，或担心别人会不理你。没关系，先从每天早上见面做起，如果你每天都能以亲切的微笑来面对你的同学、同事，并不计较别人是否主动，是否也对你点头，坚持几天，你看看会有什么结果？日本心理学家箱崎总一说："对别人亲切正是免除自己本身孤独的第一步。"如果你再能设法找到一些共同的话题，或者主动向别人请教，僵局就很容易打破了。

要想有朋友就不能光想着自己，总把"我"放在嘴边的人最招人反感。如果和别人交往时你不懂得尊重别人，老是随便打断人家的话，或是说些刺激人的话，让人下不来台，或是总想和人争个高低，处处显得你正确，恐怕你也就很难拥有朋友和友谊，所以摆脱孤独要从自己做起。

（选自百度经验《怎样才能摆脱孤独》，原文有删改。）

2. 提示题

你有一位朋友刚刚搬了家，感到十分孤独。请你给朋友写一封电子邮件，谈谈与人交往的问题。你要写：

——怎样才可以有一个好的人际关系？
——好的人际关系对人有什么影响？
——怎样才能找到志同道合的好朋友？

3. 参考答案

收件人：张兰兰
寄件人：王明明
主题：摆脱孤独
日期：2018年5月5日

兰兰：

  你好！听说你刚搬了家，感到十分孤独。我想可能是因为还没找到新的朋友的缘故吧。耐心点儿，等你有了新朋友就会开心了。

  找朋友其实不难，但要找到好朋友就不太容易。人与人之间的关系好坏，取决于人与人之间的情感投入。每个人都是有感情的，只要你真心地去对待别人，别人也会真诚地对待你。好的人际关系会让你开心，帮助你更快地通往成功。那么如何更快地找到好朋友呢？（第二段说明了"好的人际关系对人有什么影响"。）

  微笑是建立良好人际关系的基础。笑容是最容易感染别人的，你对人微笑，他也会对你微笑。自己微笑的同时，内心是快乐的，把快乐传递给他人，他人也是能感受到快乐的。只要他人可以从我们身上感受到快乐，那么良好的人际关系就已经向前迈进了一步。（第三段联系了原文回答了"怎样才能有一个好的人际关系"。）

  当然，找到志同道合的好朋友也是需要时间的。经常和别人联系，感情才会一天天加深。时间可以帮我们来鉴定谁是我们要找的好朋友，也就是我们常说的"日久见人心"。与他人相处的方式也是需要注意的。己所不欲，勿施于人。如果你用自己不喜欢的方式和他人交谈或者相处，那么别人是不会和你建立好的人际关系的。用友好真诚的语气来交谈，别人才会和你坦诚相见。（第四段说明"怎样才能找到志同道合的好朋友"。）

  总之，不要着急，你用善良待人，别人也会以真诚回报你。

  祝你，

  尽快找到好朋友！

你的朋友：明明

  （全文符合私人电邮的格式要求，语言具有亲和力，一看就知道是"给朋友的一封电邮"。）

第三章

议论文（卷二）

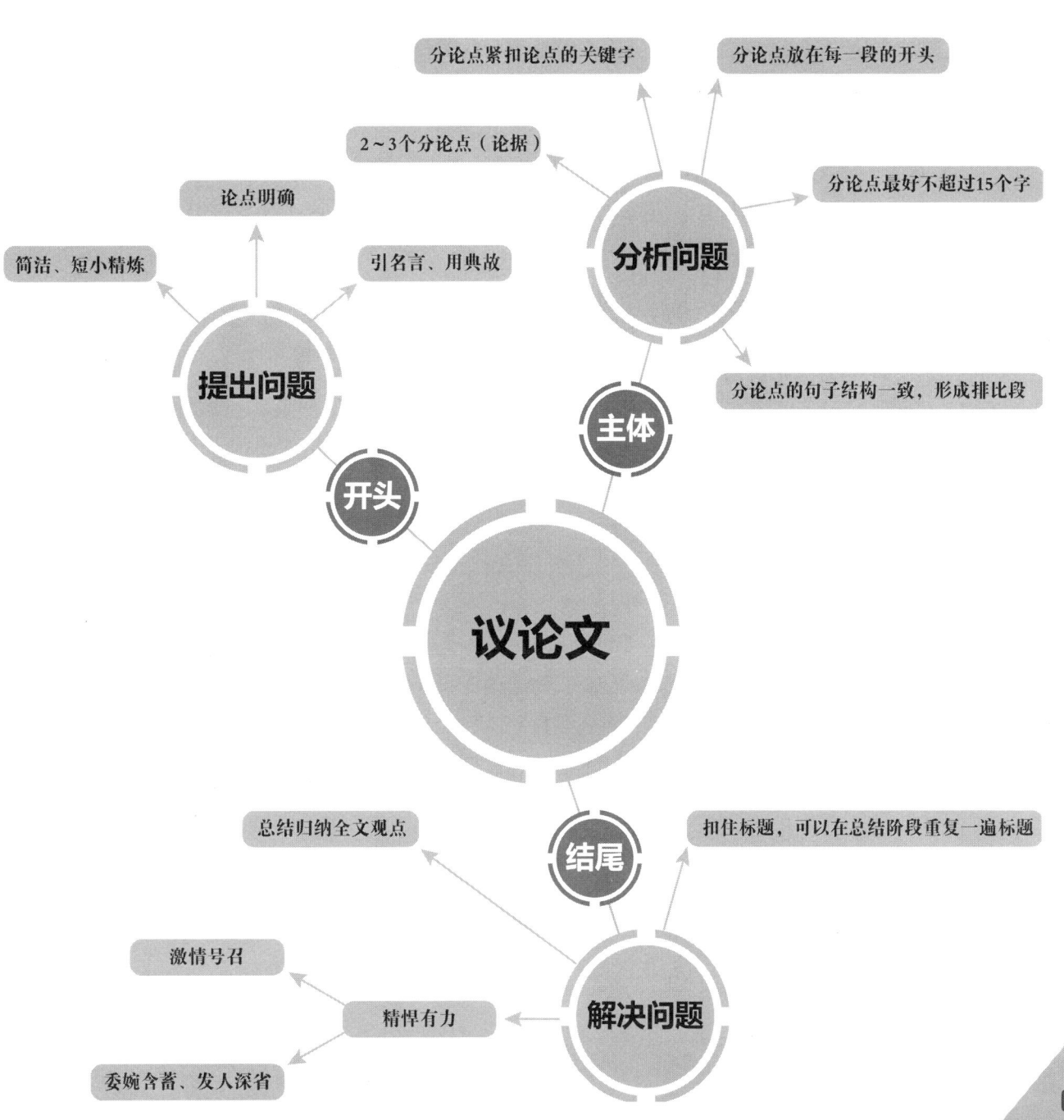

议论文

开头

提出问题
- 简洁、短小精炼
- 论点明确
- 引名言、用典故

主体

分析问题
- 2~3个分论点（论据）
- 分论点紧扣论点的关键字
- 分论点放在每一段的开头
- 分论点最好不超过15个字
- 分论点的句子结构一致，形成排比段

结尾

解决问题
- 总结归纳全文观点
- 扣住标题，可以在总结阶段重复一遍标题
- 精悍有力
  - 激情号召
  - 委婉含蓄、发人深省

035

议论文三大要素

▶ 论点

作者对题目中所提到的观点或现象的立场和主张，是议论文全篇围绕的中心。

▶ 论据

论据主要分为事实论据和理论论据，配合不同论证方法而使用。

▶ 论证

论证是指运用论据来证明论点的过程和方法，是论点与论据之间逻辑关系的纽带。

简单而言，论点是"我要证明什么观点"，论据是"我用什么来证明我的观点"，论证则是"我怎样证明我的观点"。

论证方法

议论文的论证方法有很多种，其中常见的、也是学生最容易掌握的有以下几种：举例论证、引用论证、对比论证、比喻论证。

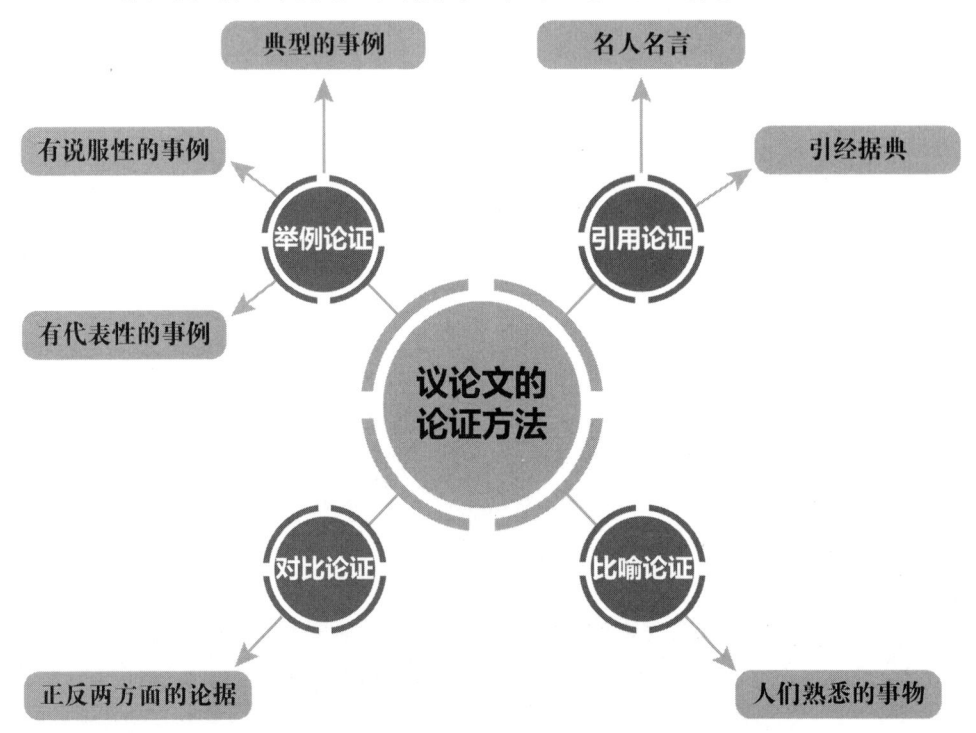

- 举例论证 → 典型的事例 / 有说服性的事例 / 有代表性的事例
- 引用论证 → 名人名言 / 引经据典
- 对比论证 → 正反两方面的论据
- 比喻论证 → 人们熟悉的事物

例文点评

1. 励志类

以勤奋苦读为话题的作文题历年来都是焦点,以下三篇以"书山有路勤为径,学海无涯苦作舟"为题的文章各有千秋。

例文一

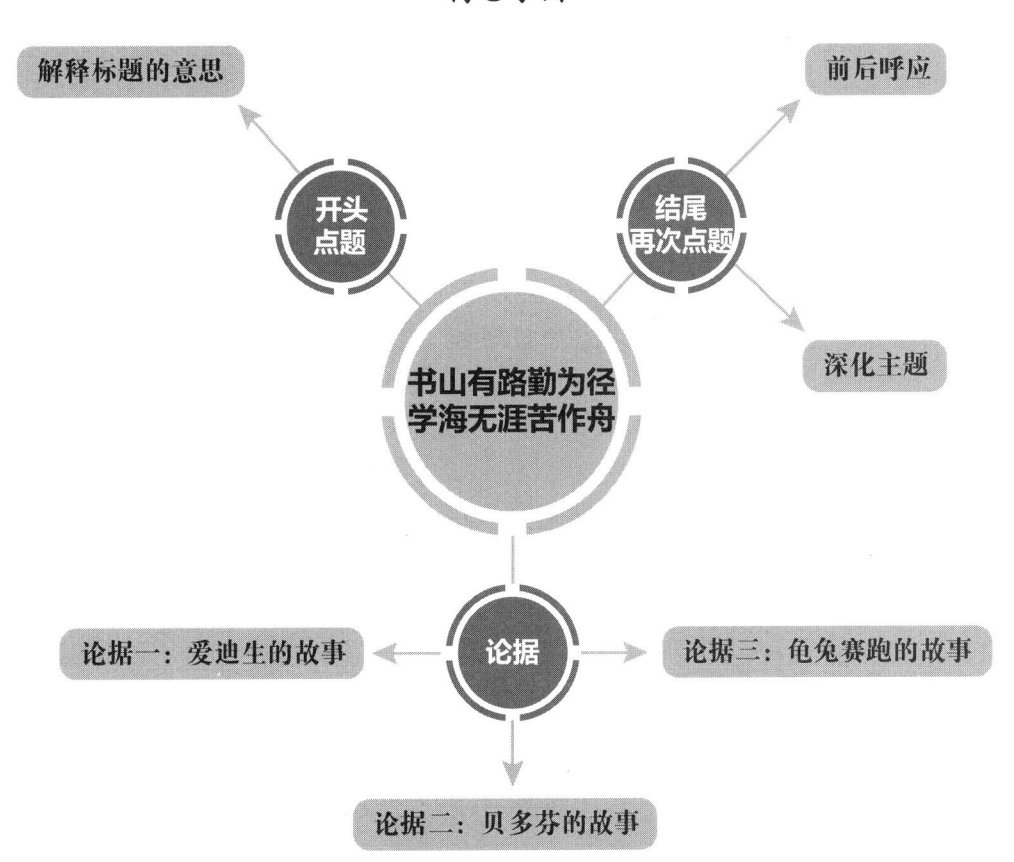

构思导图

```
解释标题的意思 ← 开头点题                    结尾再次点题 → 前后呼应
                                                         → 深化主题
              书山有路勤为径
              学海无涯苦作舟
                    ↓
                   论据
论据一:爱迪生的故事 ←       → 论据三:龟兔赛跑的故事
                    ↓
              论据二:贝多芬的故事
```

书山有路勤为径,学海无涯苦作舟

古语有云:书山有路勤为径,学海无涯苦作舟。在学习的过程中,绝对没有捷径。如果你想在书山和学海中获取更多的知识,则要勤奋和刻苦，才能获取成功。

　　人们常常抱怨学习的道路太漫长，太艰难。怠惰的人走这条路时会退缩，打退堂鼓；聪明的人走这条路时不畏困难，奋勇向前。古今中外的名人，哪一位不是经过不断地勤劳付出来获得知识，从而取得成就呢？

　　爱迪生在发明电灯泡的过程中，使用了多达7600种材料来做灯丝实验，而且前后也经历了超过8000次的失败。但是他并没有因此而放弃。他显然就是透过勤奋和刻苦，才终于取得成功的。

　　贝多芬后天双耳失聪，这对任何人来说都是一个沉重的打击，尽管如此，他凭着自己对音乐的热情、追求和爱好，创作出世界闻名的《月光曲》和《致爱丽丝》。

　　相反，有些天资聪颖的人以为凭着自己的小聪明就能成功，因此不努力刻苦学习。又有一些人凭着侥幸的心态，自认聪明。这两种人最终注定一事无成。"龟兔赛跑"的故事虽然老套，但却说出了常常被我们忽略的而又是最重要的道理：兔子本来凭着自己天生的优势就可以轻松地赢取和乌龟的比赛，但它懒惰，不愿努力，因此最终输了那场比赛。

　　俗语说：只要工夫深，铁杵磨成针。知识的海洋广阔无边，只有坚持不懈，才能成功地在知识的海洋里自由地徜徉，最终收获珍贵的且令自己一生获益的精神食粮。

教师点评

　　此篇文章思路清晰，不仅在内容上充分运用对比论证和举例论证的方法，有条有理地论述了自己的观点，而且论述的语言流畅自然。

　　这篇作文采用了典型的议论文写作手法，即在第一段将命题加以解释，同时提出论点，而后用了几个具有说服力的实例作为论据加以说明。

　　在结构方面，这篇作文做到了开门见山。开篇即写出论点，一番论述之后，在结尾处重申论点，并加深对论点的理解，做到了前后呼应。此外，文章的段落与段落之间也承上启下，使段落的过渡和发展显得流畅自然。

例文二

构思导图

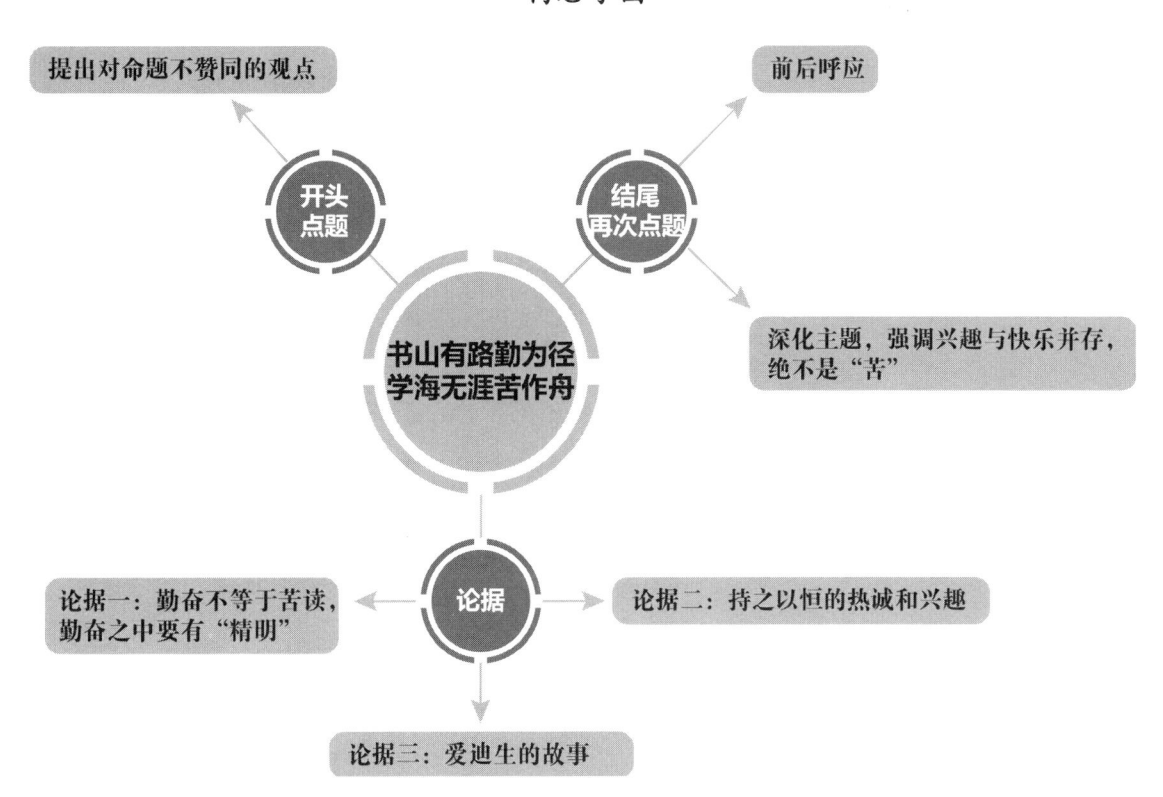

- 开头点题 → 提出对命题不赞同的观点
- 结尾再次点题 → 前后呼应；深化主题，强调兴趣与快乐并存，绝不是"苦"
- 中心：书山有路勤为径，学海无涯苦作舟
- 论据
  - 论据一：勤奋不等于苦读，勤奋之中要有"精明"
  - 论据二：持之以恒的热诚和兴趣
  - 论据三：爱迪生的故事

书山有路勤为径，学海无涯苦作舟

知识是无止境的，唯有勤奋上进才能更上一层楼。然而，我认为在书山上一路向上攀登，靠的是对知识的一腔热忱和极大的兴趣，而不是在压力之下不情愿地苦读。学习知识的过程应该是虽苦但心中却充满了乐。因此，我对"书山有路勤为径，学海无涯苦作舟"并不完全赞同。

勤奋在追寻知识的路上固不可少，但勤奋之中也要加上"精明"，绝不能一味只靠"苦读"。读书方法因人而异，所以发掘出一个适合自己的读书方法才能令学习效果事半功倍。例如，有些人较适合用图像来描绘书中的内容，这样会使他们更快地掌握学到的知识。还有些人喜欢多做练习题，理解不同题型，做到熟能生巧，把所学知识彻底掌握。总之，不论用什么方法，都一定要乐在其中。

学海无涯，求学问绝不是一时三刻的事情。只有对该学科有持之以

恒的热诚和兴趣才能读一辈子书都不但不觉枯燥，反而愈发地陶醉其中。能够花心思和时间做自己喜欢的事情绝不能称之为"苦"，能够找到自己喜欢的事而乐在其中是一件多么美好的事情。只要对一件事有持之以恒的热诚和兴趣，一个人才会因此变得努力上进、勤奋自觉。

被世人称为"天才"的爱迪生曾经说过："天才是百分之一的天分加上百分之九十九的汗水。"他经过屡次失败后仍然有坚定的意志，实在令我佩服不已。在外人看来，爱迪生整天把自己关在屋子里，一次次失败，实在是一件折磨人的苦差事，然而，正是因为爱迪生对科学的热爱和对理想的执着，失败和挫折对他而言不是吃苦，而是向成功又迈进了一步。一次次的失败、一天天的努力钻研最终成就了伟大的爱迪生，令他品尝到了成功的甜蜜。如果没有对事业的热爱，那么前进路上的每一步都将是苦不堪言的，半途而废和失败也就是必然的了。

知识的大山一座接一座，知识的海洋无边又无际。要想收获更多的知识，首先一定要找到自己的兴趣所在。有了兴趣就一定会在知识的大山上快乐地攀登，在知识的海洋中自在地畅游。

教师点评

与第一篇不同的是，小作者一开始就表明自己对题目中的"苦"并非完全赞同。文章先抑后扬，以说理和举例的方式阐述了学习知识应该从兴趣出发，而绝不应该是一件苦差事的道理。

在文章结构上，小作者在第一段就明确提出自己的观点，随后从不同角度说明了不应该"以苦为舟"的见解，继而在结尾段重申要愉快学习的重要性。

例文三

构思导图

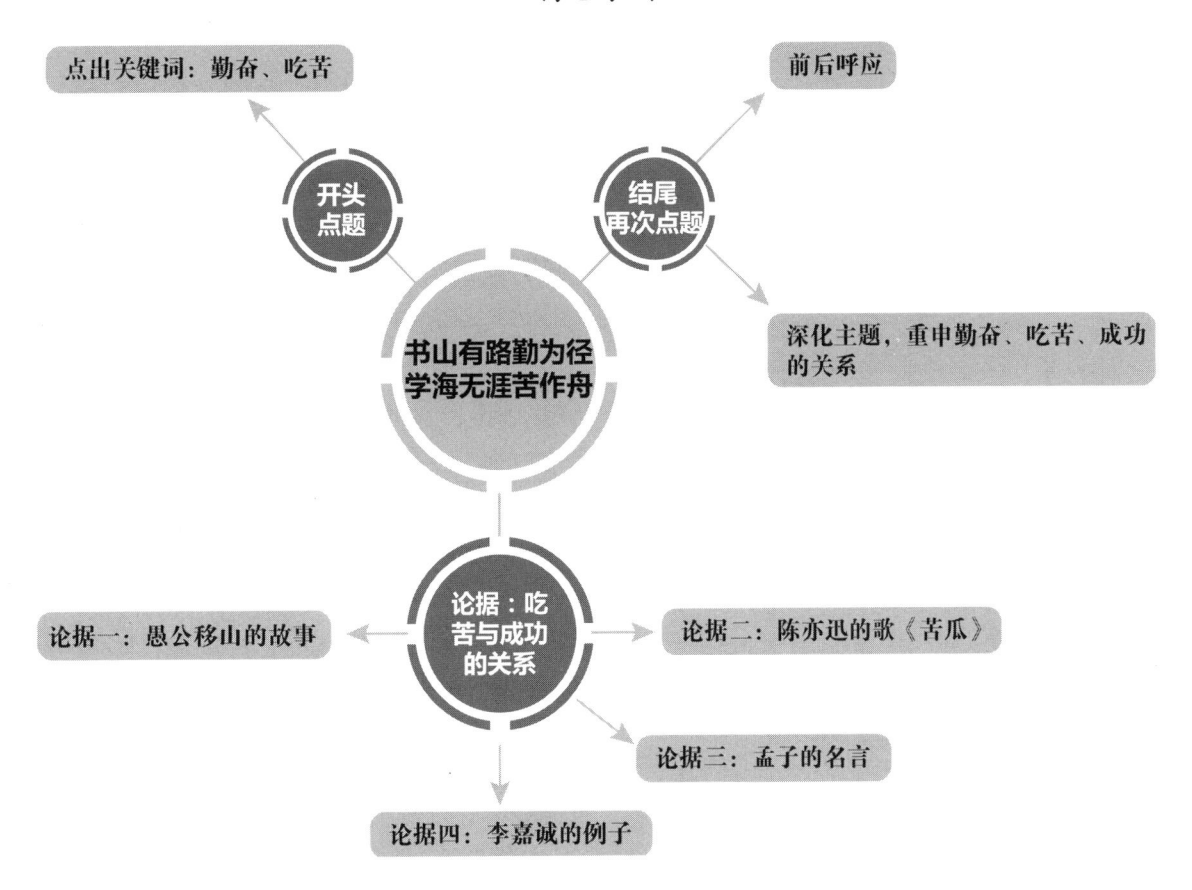

- 开头点题 → 点出关键词：勤奋、吃苦
- 结尾再次点题 → 前后呼应；深化主题，重申勤奋、吃苦、成功的关系
- 书山有路勤为径 学海无涯苦作舟
- 论据：吃苦与成功的关系
  - 论据一：愚公移山的故事
  - 论据二：陈亦迅的歌《苦瓜》
  - 论据三：孟子的名言
  - 论据四：李嘉诚的例子

书山有路勤为径，学海无涯苦作舟

俗语有云：书山有路勤为径，学海无涯苦作舟。要成功、要实现自己的梦想，勤奋是必不可少的。

"勤"和"苦"是这句话要强调的重点。有些人认为勤奋与吃苦跟成功不一定是对等的，但我却认为，"吃得苦中苦，方为人上人"。努力了不一定成功，但不努力就一定不会成功。

就如寓言故事"愚公移山"一样，没有努力，没有奋斗，怎么可能知道自己的能力会有多大？若凡事都漫不经心，不尽全力，哪会取得成功？"不经一番寒彻骨，怎得梅花扑鼻香？"如果我们连一点点苦都不肯吃，就不要奢望成功。

香港歌神陈奕迅写的歌《苦瓜》，描绘了人生总会有高低起伏，但若年少时不爱辛涩,待到长大后阅历加深了,才会明白"苦"的意味深长。

　　一位著名的哲学家翻译了一本叫《苦》的书,把"苦"的定义逐一解释,并再三肯定"吃苦"的重要性。中国古代著名的思想家和教育家孟子曾说:"天将降大任于斯人也,必先苦其心志,劳其筋骨,饿其体肤,空乏其身,行拂乱其所为,所以动心忍性,曾益其所不能。"这亦证明了"苦"与我们一生成功与否有着莫大的关系。

　　除了"苦","勤"也是决定我们人生胜负的重要原因。世界上没有免费的午餐。与其去守株待兔,不如由零开始,靠自己的一双手勤勤恳恳、踏踏实实地工作。香港首富李嘉诚的文化水平不高,但他凭着一生的勤奋和拼搏,无疑已经成为了人生的大赢家。由此可见,勤奋是成功的秘诀之一。

　　总而言之,在学习的道路上,勤奋和敢于吃苦是成功的法宝。不怕艰苦、不怕失败、坚持不懈、努力奋进的人一定会收获到甜美的成功果实。

教师点评

　　议论文的关键是要解析题目,小作者很好地做到了这一点:在文章首段和第二段小作者清楚地解释了自己对于这句话的理解。这篇作文引经据典,从方方面面围绕着"勤"和"苦"进行论证,例子虽多但并不杂乱。

　　整篇文章所用词语非常多样化,可见小作者的中文功底深厚,内容也反映了小作者对于中国文化的深入了解。丰富的中文知识和文化底蕴是做出好文章必备的条件。

【练一练】

① 种瓜得瓜,种豆得豆
② 毅力是成功的基石
③ 诚信——为人之本
④ 金无足赤,人无完人
⑤ 男儿有泪不轻弹

2. 个人成长类

"读万卷书"和"行万里路",哪种学习方式收获更多?学生毕业后腾出一年时间去旅行或参加社会活动是否值得?学习方式的多元化和学生对于未来道路的选择不再单一化是近年来经常出现的考题。

例文一

构思导图

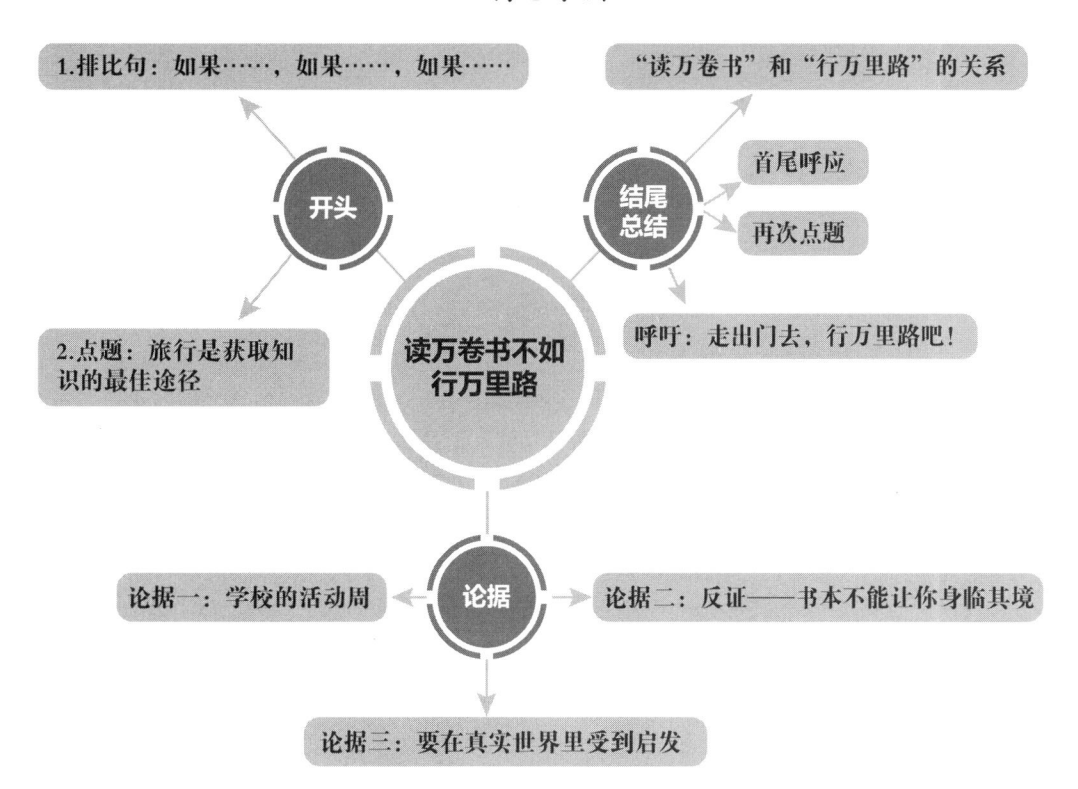

- 开头
  - 1.排比句:如果……,如果……,如果……
  - 2.点题:旅行是获取知识的最佳途径
- 结尾总结
  - "读万卷书"和"行万里路"的关系
  - 首尾呼应
  - 再次点题
  - 呼吁:走出门去,行万里路吧!
- 论据
  - 论据一:学校的活动周
  - 论据二:反证——书本不能让你身临其境
  - 论据三:要在真实世界里受到启发

中心:读万卷书不如行万里路

读万卷书不如行万里路

知识对每个人来说都十分重要。如果你日常生活里的小知识不够,遇到问题了你只能抓耳挠腮;如果你的专业知识不扎实,你在社会上就缺乏竞争力;如果你两耳不闻窗外事,对这个世界发生的事情一无所知,你和别人就少了共同语言,甚至连基本的社交都将成为你的烦恼。

那知识是从哪里来的呢?有的人说知识是在学校里学的,还有的人说知识是从书本里得来的。可我认为,虽然我们可以从课堂上和书本中汲取知识，但去旅行、去周游世界才是获得知识的最佳途径。

我的学校非常重视让学生出去旅游，鼓励学生在行万里路中学到更多的知识，所以学校每年都会安排一个星期的时间让同学们参加各种"走出去"的活动。留在当地的学生会去拜访老人院或在老师的带领下参加包括环保等公益活动，还有一部分同学参加海外游学活动。他们去亚洲、欧洲、非洲、美洲等地参加各种探险、公益、文化探索活动。这些活动令同学们性情更开朗，也让他们懂得怎样和别人相处和沟通。旅行不仅是为了吃喝玩乐，更是为了开阔自己的视野。只有"行万里路"才能让自己从"井底"跳出来看到更广阔的天空。在亲身经历中学到的知识难道不比在书本中学到的更有意思吗？虽然古人也说过"读书破万卷，下笔如有神"。读书的确有助于学习，但"一心只读圣贤书"和"闭门造车"并无两样，到了最后，这些人很有可能就变成了"书呆子"。

读书虽然能增长知识，但却无法了解其中有现实意义的深层道理。书本往往只能让你了解世界的皮毛，而它的精华只有身临其境才能理解和体会。在书本上你可以看到历史古迹的图片，而亲身来到古城和历史遗迹，你才仿佛置身于几百年前战火纷飞的场景中，那种震撼是无法从书本上体会到的。

人的一生不能只在书的世界里生活，而要在更大更精彩的世界里受到启发。其实，书里的知识也是别人在周游时发现和记载下来的。如果所有人都在家里读书，不出去看一看，这个世界就无法进步，社会的文明发展也将止步不前，人们也只能停留在现有的知识层面。所以，相比"读万卷书"，"行万里路"更加重要。

"读万卷书"可以吸收知识，而"行万里路"却可以让你在旅途中体验和经历，并获得启发，同时发掘更多的新知识。不仅如此，"行万里路"还会让你懂得怎样去和不同的人打交道。更何况，若是读了万卷书，却不懂得怎样在工作或学习中运用，你的知识也只是纸上谈兵，并没有太大的用处。所以，如果你想成为一个既有知识的深度、又不乏知识广度的人，如果你想成为一个阅历丰富的人，如果你想成为一个能够学以致用的人，走出门去，行万里路吧！

教师点评

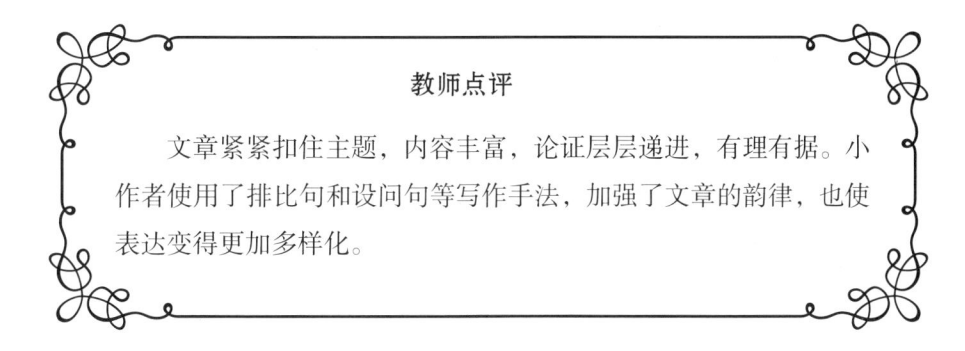

文章紧紧扣住主题，内容丰富，论证层层递进，有理有据。小作者使用了排比句和设问句等写作手法，加强了文章的韵律，也使表达变得更加多样化。

例文二

构思导图

- 开头 → 解释标题的意思
- 结尾总结 → 首尾呼应；再次点题、深化主题：强调成功属于有理想、有毅力、有恒心的人
- 论据：
  - 用谚语说明志向的重要
  - 拿破仑的例子
  - 海伦·凯勒的故事
  - 梅兰芳的故事

有志者事竟成

"有志者事竟成"的意思是有志向、有毅力、有决心的人，做任何事情终究都会成功。每个人都有梦想，立志是成功的基础。有了壮志和不懈的努力，就能向成功迈进。

有一句谚语说得好：鸟最要紧的是翅膀，人最要紧的是志向。鸟有

了翅膀就能在天空中自由地翱翔；同样，人拥有了前进的目标和坚强的意志，就能坚定不移地向着目标进发。大名鼎鼎的拿破仑从小就立志当一个出色的将军。他在军校废寝忘食地刻苦学习，24岁就当上了司令。确定远大的目标就是成功的一半，无志之人不可能享受成功的喜悦。

除了远大的志向之外，永不放弃的恒心也是取得成功必不可少的。闻名中外的盲人女作家海伦·凯勒一岁的时候因急性脑炎不幸导致失明和失聪，而且无法说话。但她通过导师的教导和自己的刻苦努力，不仅学会了阅读和说话，还成为了掌握英语、法语、德语、拉丁语和希腊语的作家和教育家。她还以惊人的毅力完成了哈佛大学的学业。"有志者事竟成"，海伦向全世界证明了遇挫不败和永不放弃的毅力是取得成功的关键。

水滴石穿，绳锯木断。只要下定决心，百折不挠地去追求自己心中的梦想，成功就不再遥远。中国著名的京剧大师梅兰芳年轻时就非常喜欢京剧表演，但老师却因为他的眼睛不会"传神"而拒绝收他为徒弟。为了理想，梅兰芳每天苦练眼力。他不是抬头望向空中飞翔的鸽子，就是低头追随水中畅游的金鱼，终于练出了52种不同的眼神，最终得到老师的肯定，同意收他为徒。结果，梅兰芳成为了中国历史上最卓越的京剧表演艺术家。

世界上有很多成功人士，他们并不是天生就有过人的才华，而是经过不为人知的困苦和一次又一次的失败才到达了成功的彼岸。没有理想的人就像断了线的风筝，在空中随风飘荡。从现在开始，努力学习，别让梦想停留在幻想，别让梦想变成一句空话。"有志者事竟成"，成功属于每一个有理想、有毅力、有恒心的人。

教师点评

文章开门见山，在第一段解题并说明论点。在接下去的三段中对论点中的关键词"有志向、有毅力、有决心"逐一进行论证。全篇紧扣论点，论据博古通今，恰到好处地运用名人名言和确凿事例，将自己的见解娓娓道来。语言行文流畅，体现了小作者扎实的语言功底。

例文三

构思导图

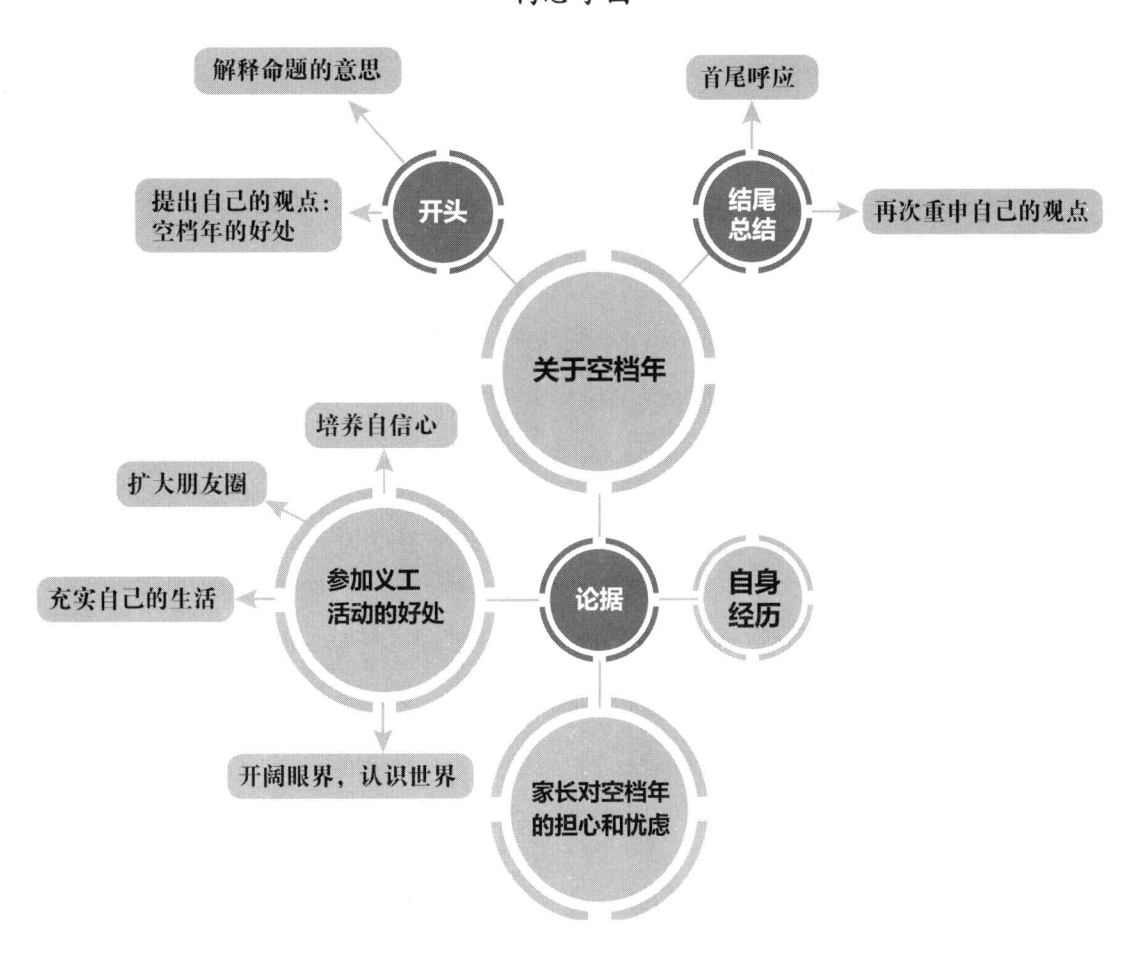

- 开头
  - 解释命题的意思
  - 提出自己的观点：空档年的好处
- 结尾总结
  - 首尾呼应
  - 再次重申自己的观点
- 关于空档年
- 论据
  - 参加义工活动的好处
    - 培养自信心
    - 扩大朋友圈
    - 充实自己的生活
    - 开阔眼界，认识世界
  - 自身经历
  - 家长对空档年的担心和忧虑

关于空档年

什么是空档年？空档年指的是学生在中学毕业后、进入大学前，腾出一年的时间来做自己喜欢的事情，比如去旅游或参加社会公益活动。年轻人可以用这个空档年来寻觅自己的兴趣和前进的目标。

现代社会发展迅速，人们的生活节奏变得急促、紧张。正因为如此，空档年可以使年轻人，特别是刚离开中学的学生，停下急促的步伐，慢慢探索自己渴望得到或有热情去追寻的人生道路。

不少申请空档年的学生会选择到海外进行工作，或者参加非牟利机构的义工活动。学生不但可以从这些活动中拓展朋友圈，认识新的人，并且会培养自信心。有调查指出，73%的学生认为，空档年使自己的生活变得更加充实，也让他们对整个世界有更加深入的认识。

不仅如此，某大学的研究发现，申请空档年的学生比没有申请空档年的学生更容易融入大学生活，也更明确地知道自己将来想做什么。我有一个朋友上中学的时候非常抗拒参加义工活动，觉得浪费时间，毫无意义。中学毕业后，他没有急于上大学，而是利用空档年到东南亚国家参加了一个扶贫义工活动。在一年的时间里，他跟着一个义工组织到一些偏远落后的地区教小朋友英语，还参加了建设校舍的活动。短短的一年时间令他成熟了很多，他意识到了自己以前是"生在福中不知福"，也体会到了"助人为乐"的真谛。

但是，仍有许多家长对空档年持着怀疑的态度，他们担心自己的孩子荒废学业，只顾着享受"无忧无虑"的生活，不愿意在一年后回到大学读书。其实，这种担心是多余的。空档年的目的不是偷懒，也不是逃避上学，更不是到处玩乐，而是在这一年里开阔眼界，吸取更多宝贵的生活经验，也给自己一些时间思考将来的道路。

空档年是一个寻觅自己兴趣和目标的机会。虽然看起来花费了很多金钱、浪费了很多时间，但如果充分利用这一年的时间，换来的会是课堂上获取不到的知识和宝贵的生活经验。

这就是我对空档年的看法。

教师点评

全文围绕主题，结构清晰，语言精练，对什么是空档年、为什么会出现空档年、空档年的好处等有理有据地做了清楚的阐述。文章有始有终，段落之间承上启下，过渡平顺。

【练一练】

① 活到老，学到老
② 不付出就不会有收获
③ 作为一名青少年，你觉得你应该有什么样的责任与义务？
④ 论"勤奋"
⑤ 师傅领进门，修行在个人

有关"励志和个人成长"主题的成语、俗语和名言警句

闻鸡起舞　力争上游　知难而上　奋起直追　百折不挠　锲而不舍
勤能补拙　凿壁偷光　争分夺秒　孜孜不倦　夜以继日　悬梁刺股
通宵达旦　马不停蹄　埋头苦干　好学不倦

① 精诚所至,金石为开。
② 只要工夫深,铁杵磨成针。
③ 百尺竿头,更进一步。
④ 业,精于勤,荒于嬉;行,成于思,毁于随。
⑤ 学而不思则罔,思而不学则殆。
⑥ 读书破万卷,下笔如有神。
⑦ 少壮不努力,老大徒伤悲。
⑧ 青,出于蓝,而胜于蓝。
⑨ 如果你问一个善于溜冰的人怎样获得成功,他会告诉你:"跌倒了,爬起来。这就是成功。"
⑩ 成功的秘诀,在于永远不改变既定的目标。
⑪ 本来无望的事,大胆尝试,往往能成功。
⑫ 无论做什么事,只要肯努力奋斗,是没有不成功的。
⑬ 知识是宝库,但开启这个宝库的钥匙是实践。
⑭ 聪明在于勤奋,天才在于积累。
⑮ 路漫漫其修远兮,吾将上下而求索。
⑯ 人生能有几回搏!
⑰ 莫等闲,白了少年头,空悲切。
⑱ 学而时习之,不亦说乎?
⑲ 敏而好学,不耻下问。
⑳ 人非生而知之者,孰能无惑?
㉑ 不积跬步,无以至千里;不积小流,无以成江海。
㉒ 欲穷千里目,更上一层楼。
㉓ 忠言逆耳利于行,良药苦口利于病。
㉔ 近朱者赤,近墨者黑。
㉕ 长江后浪推前浪,世上新人赶旧人。

3. 家庭与教育

在教育不再只强调学习成绩，而是鼓励个性发展的今天，小作者们对于"成才"及"成功"也有着自己独到的见解。

例文一

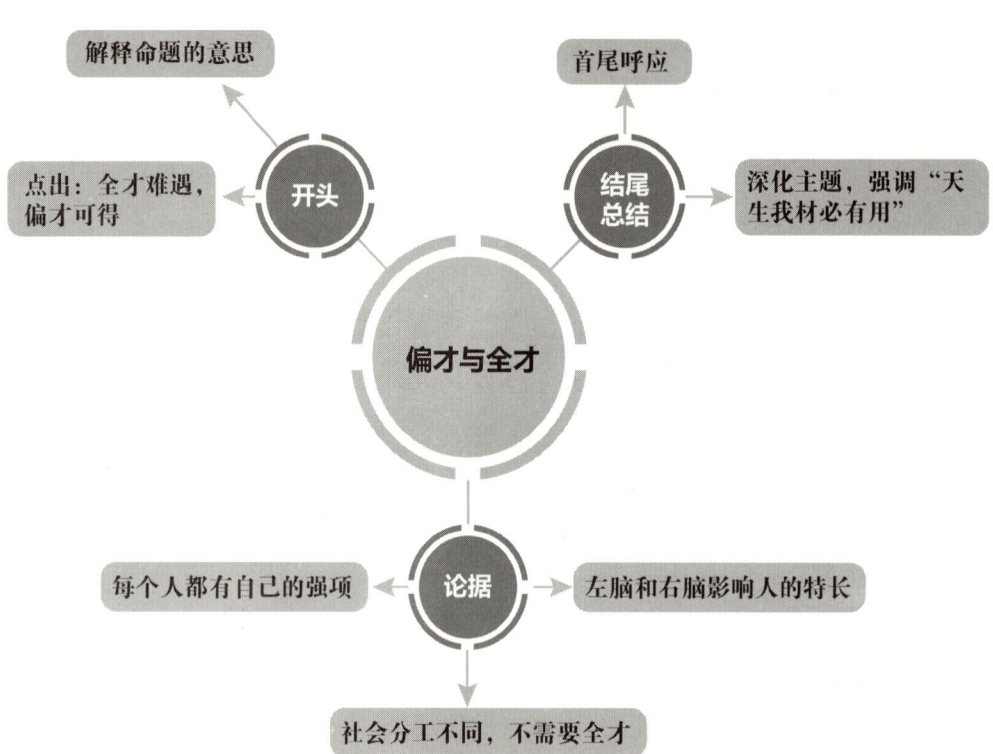

构思导图

- 开头
  - 解释命题的意思
  - 点出：全才难遇，偏才可得
- 结尾总结
  - 首尾呼应
  - 深化主题，强调"天生我材必有用"
- 偏才与全才
- 论据
  - 每个人都有自己的强项
  - 左脑和右脑影响人的特长
  - 社会分工不同，不需要全才

谈谈偏才与全才

现今的社会，学校和家长似乎都要求学生德智体全面发展，并且要求学生各科成绩都非常优秀，也就是"全才"。然而，无论文科理科，无论体育音乐，方方面面都十分优秀的全才在我们的周围并不多见，更常见的是在某一科有特长的"偏才"，也就是说，全才难遇，偏才可得。那么，偏才与全才，孰优孰劣？

"全才"是人人都羡慕的对象，是家长梦寐以求的培养目标，所以，要成为全才，学生背负着的是千斤重压。在中学生看来，就算拼尽全力、废寝忘食地学习，在每个学科的考试中都取得优异的成绩也绝对不是一件容易的事。俗话说"尺有所长，寸有所短"，每个人都有自己的强项，也有自己的短处。有些人因先天的优势而在某些方面比其他人更胜一筹，比如音乐和艺术，但也有些人五音不全六音不正，对艺术表演更是没感觉。当然，将勤补拙是必须的，但却不能否认有些天生的基因是无法靠着勤奋就能改变的。

在我们的周围，你会发现有些人样样会，但没有一样是精通的，而另一些人不是样样会，但却对某一方面十分精通。科学研究证明人的脑子分为左脑和右脑，它们分别掌控着人们对文科的偏爱和对理科的执着。研究发现，语言能力超强的人大部分对数理化的认识都比较迟缓，相反，在科学奇才身上的音乐艺术细胞也通常比较少。幸好，社会的分工不同，所以大部分的工作并不需要"全才"，也就是说，社会更需要"偏才"。偏才未必能在各方面都取得如全才般的成就，但却能在某些方面有着独特及过人的见解。

随着社会分工的细化，人才专业化的趋势越来越明显。偏才拥有某一领域中的专业知识，更容易找到适合自己的工作，去实现自己的社会价值。"天生我材必有用"，我们每个人都有自己独特的才能，所以，我们应该好好珍惜和发展自己的长处。虽然我们不是"全才"，但凭着自己正确的价值观，无论是"全才"还是"偏才"，都能成为对社会有贡献的人。

教师点评

　　文章娴熟运用说理论证，探讨了"全才"与"偏才"在当今社会的角色，也展现了自己对于此话题的深刻见解。小作者语言犀利，用词广泛，且运用了很多成语和俗语，体现了扎实的语言功底。结尾段落的升华启迪读者思考。

例文二

构思导图

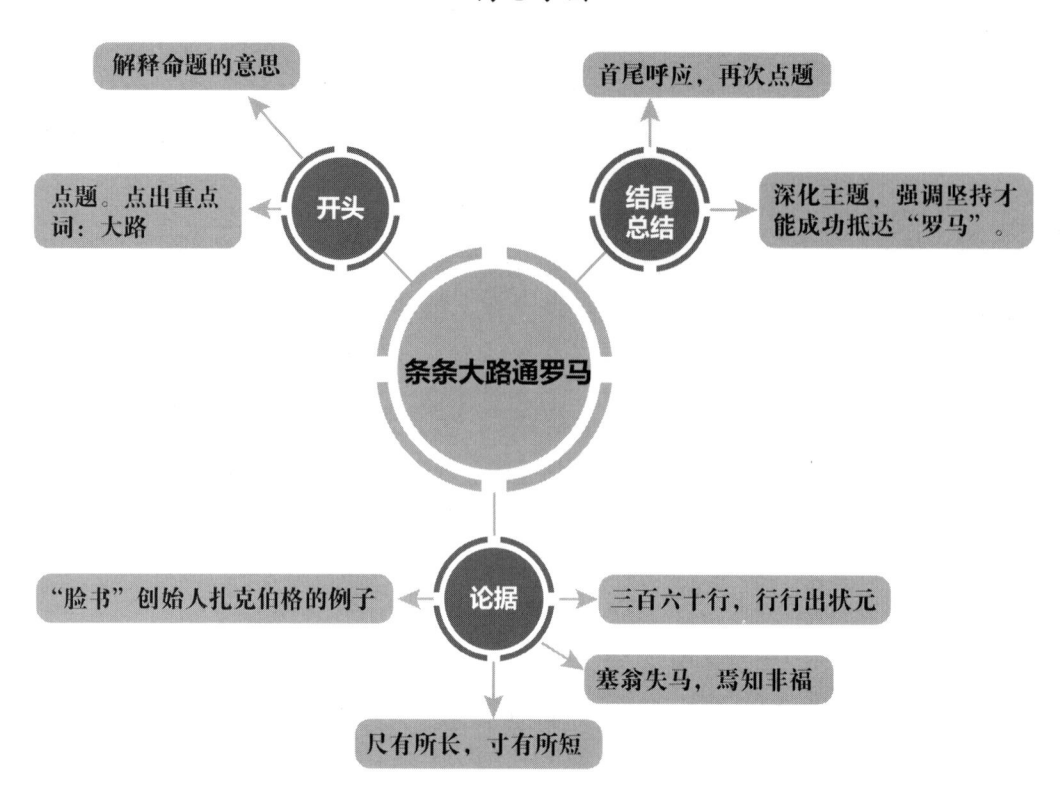

- 开头
  - 解释命题的意思
  - 点题。点出重点词：大路
- 结尾总结
  - 首尾呼应，再次点题
  - 深化主题，强调坚持才能成功抵达"罗马"。
- 中心：条条大路通罗马
- 论据
  - "脸书"创始人扎克伯格的例子
  - 三百六十行，行行出状元
  - 塞翁失马，焉知非福
  - 尺有所长，寸有所短

条条大路通罗马

"条条大路通罗马"，意思是说达到同一目的可以有多种不同的方法和途径。每个人都可以依照自己的人生观和价值观走出自己的人生之路，开创出自己的一片天地。

不可否认，有些人凭借先天的优势和后天的努力取得了很多人梦寐以求的成功。但也有一些人，甚至是大多数人，被困在迷茫中，尚不知道自己的未来在哪里，他们不知道"条条大路通罗马"中说的"大路"在哪里。

其实，通往"罗马"的大路就在我们的周围。无论你身处哪条路，只要拥有不懈努力、永不言休的精神，不要怕，亦不要放弃，在迷惘的时候停一停、想一想，最主要的是千万不能自乱阵脚。所谓"皇天不负有心人"，坚持走自己的路，美好的"罗马"最终会出现在你的面前。"脸书"的创始人扎克伯格当年为了寻求与众不同的突破，受尽同辈的耻笑。但"世上无难事，只怕有心人"，凭着恒心和信念，以及创新探究的精神，扎克伯格终于成为了新一代的传奇人物。

在现今社会中，不少学生和年轻人因为学业和工作而迷失自我，他们看不清前方的道路，深感沮丧，甚至失望。其实，只要有理想、有热忱，再加上谦卑的态度和勤奋、执着的作风，怎么会没有成功的机会？"三百六十行，行行出状元"，这句俗语跟"条条道路通罗马"的意思不谋而合。

人生的道路总不会是一帆风顺的，挫折及失败随时会在你意想不到的时候出现。坚守自己的信念才会等到雨后的彩虹。"脸书"创始人扎克伯格在被哈佛大学劝退的时候，也未曾料到，他以后会成为全球最大的社交网络的创始人。所谓"塞翁失马，焉知非福"。有时候，失败是无可避免的，但"失败乃成功之母"，善于从失败和挫折中学习的人，才有机会取得成功。

"尺有所长，寸有所短"，每个人都有自己独一无二的长处，发挥自己的特长才能创造出一片令自己发光发亮的天地。古今中外无数成功的例子都说明勤奋上进和努力不懈才是成功的秘方。用积极乐观的态度去对待人生，用永不放弃的态度去坚持自己的理想，怎么会不"条条大路通罗马"呢？

虽然有人说"成功靠运气"，但不计较付出和默默耕耘，以及有"愚公移山""铁杵磨针"的坚持，我相信，终有一天，每个人都能够沿着自己的道路成功抵达"罗马"。

教师点评

思维严谨的小作者从始至终都紧紧抓住"条条大路通罗马"这个主题来写人生的奋斗目标。全篇有理有据，以积极的态度奉劝在人生道路上感到迷茫的人们要坚持自己的信念，不要半途而废，重要的是找到自己的那条"大路"。全文行云流水，条理清晰，多处引用名人名言，论据充分，是议论文的典范之作。

例文三

构思导图

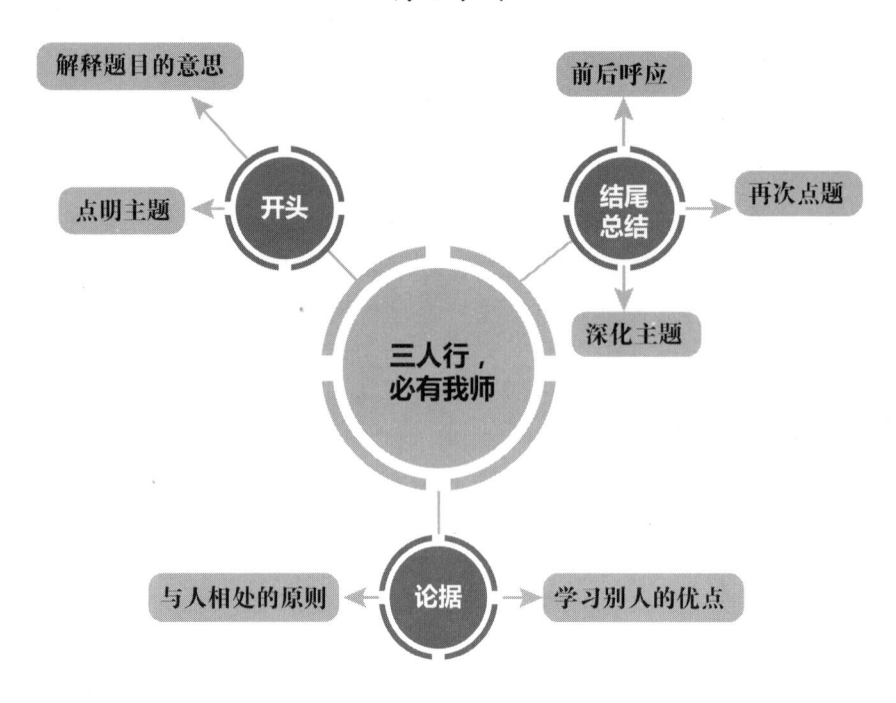

- 开头 → 解释题目的意思 / 点明主题
- 结尾总结 → 前后呼应 / 再次点题 / 深化主题
- 论据 → 与人相处的原则 / 学习别人的优点
- 中心：三人行，必有我师

三人行，必有我师

这句家喻户晓的话出自孔子的《论语·述而》。原文是："三人行，必有我师焉。择其善者而从之，其不善者而改之。"意思是：三个人同行，其中必定有我的老师。我选择他好的方面向他学习，看到他不好的方面就对照自己改正自己的缺点。这句话表现出孔子自觉修养、虚心好学的精神。它包含了两个方面：一方面，择其善者而从之，见人之善就学，是虚心好学的精神；另一方面，其不善者而改之，见人之不善就引以为戒，反省自己，是自觉修养的精神。这样，无论同行相处的人善与不善，都可以为师。

"三人行，必有我师"，以及"择其善者而从之，其不善者而改之"的态度和精神，也体现了与人相处的一个重要原则。随时注意学习他人的长处，随时对他人缺点引以为戒，自然就会多看他人的长处，与人为善，待人宽而责己严。这不仅是提高自己的最好途径，也是促进人际关系和谐的重要条件。

在我们日常生活中，每天要接触的人很多，而每个人都有一定的优点，值得我们去学习，亦可成为我们的良师益友。在学习方面，我的语文挺好的。但其实，以前我在这方面并不很突出。后来，我就去请教那些语文比我好的同学，他们把方法告诉了我：先把一些基本的写作技巧掌握好，然后再去看课本，该背的就要背。然后我就慢慢地按照这个办法去做，结果我成功了。

虽然"三人行，必有我师焉"这句话家喻户晓，可是人们并不是经常能够做到。人们常犯的一个通病就是往往看自己的优点和他人的缺点多，看自己的缺点和他人的优点少。所以，重温"三人行，必有我师焉。择其善者而从之，其不善者而改之"，认真领会它的深刻内涵，并且努力去做，还是很有意义的。

教师点评

此文以解释名言做开头，然后深入到做人的原则，接着举例说明，最后总结。全文用词准确，语句通顺，段落之间承上启下，有一气呵成之感。

▶【练一练】

① 优秀的成绩是成功的关键
② 烹饪应该列为必修课
③ 请讨论"上大学是唯一的出路"吗？
④ 参加奥林匹克数学班的利与弊
⑤ 名校情结

有关"家庭与教育"主题的成语、俗语和名言警句

孟母三迁　循循善诱　诲人不倦　春风化雨　因材施教　言传身教

① 师傅领进门，修行靠个人。
② 书全在自用心，老师不过引路人。
③ 起跑赢不一定全程赢，开头输不一定最终输。
④ 娇惯的孩子不成功，溺爱的子女不孝顺。
⑤ 教育是一个逐步发现自己无知的过程。——杜兰特

⑥ 热爱孩子是教师生活中最主要的事情。——霍姆林斯基
⑦ 让每一个学生在学校里抬起头来走路。——霍姆林斯基
⑧ 智力教育就是要扩大人的求知范围。——詹·拉·洛威尔
⑨ 教育人就是要形成人的性格。——欧文
⑩ 使教育过程成为一种艺术的事业。——赫尔巴特
⑪ 身教重于言传。——王夫之
⑫ 多办一所学校，就可少建一座监狱。——雨果
⑬ 最无能的教育方法就是批评或责备他。——阿德勒
⑭ 使一个人发挥最大能力的方法，是赞赏和鼓励。——卡耐基

议论文参考题库

① 满招损，谦受益
② 远亲不如近邻
③ 退一步，海阔天空
④ 一年之计在于春
⑤ 吃一堑，长一智
⑥ 严于律己，宽以待人
⑦ 近朱者赤，近墨者黑
⑧ 君子之交淡如水
⑨ 三个臭皮匠，胜过诸葛亮
⑩ 一失足成千古恨
⑪ 世上无难事，只怕有心人
⑫ 工作与闲暇
⑬ 人靠衣服马靠鞍
⑭ 如何看待"追星"
⑮ 中国家庭和学校常常教育孩子要"乖"，说说你的看法。
⑯ 现在有不少中学安排学生去社会上实习一两周，谈谈你的看法。
⑰ 父母用体罚的方式管教子女时，人们常说"打是亲，骂是爱"。谈谈你的看法。
⑱ 谈代沟
⑲ 论"虎父无犬子"
⑳ 赡养父母是子女的责任
㉑ 谁知盘中餐，粒粒皆辛苦

㉒ 现在有很多人沉迷于网络游戏，谈谈你的看法。
㉓ 有的中学禁止学生在校内使用手机，谈谈你的看法。
㉔ 没有竞争就没有发展
㉕ 金钱——至善？至恶？
㉖ 给当地报纸写篇文章，谈谈广告在人们日常生活中的地位。
㉗ 传统应该保留吗？
㉘ 汉语热
㉙ 多懂一门外语就多一技之长
㉚ 环保节能，从我开始！

议论文自我评估表

A. 内容	非常好	很好	满意	需要努力
1. 切题				
2. 内容有意义、有深度				
3. 论点清晰、合理				
4. 论据具体、有说服力				
（1）事实论据				
（2）理论论据				
5. 论证清晰、逻辑性强				
（1）举例论证法				
（2）说理论证法				
（3）对比论证法				
（4）比喻论证法				
B. 结构	非常好	很好	满意	需要努力
1. 层次清楚、条理分明				
2. 逻辑性强				
3. 有头有尾				
4. 开头吸引人				
5. 结尾有力				
6. 前后呼应				
C. 语言	非常好	很好	满意	需要努力

1. 用词准确				
2. 词汇丰富				
3. 句子通顺				
4. 写作手法使用恰当				
5. 标点正确				
6. 字数达标				

第四章

记叙文（卷二）

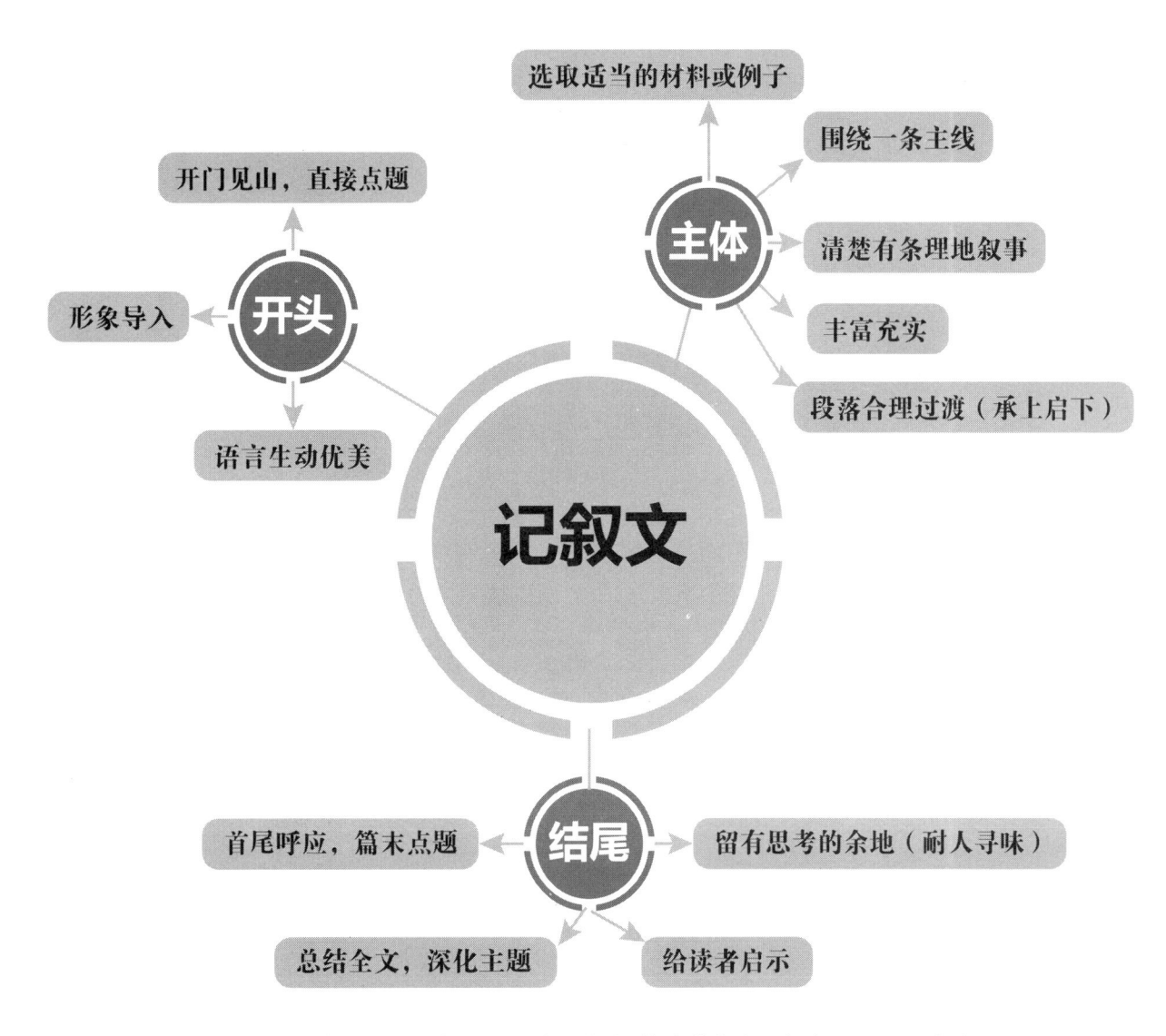

- 开头
  - 开门见山，直接点题
  - 形象导入
  - 语言生动优美
- 主体
  - 选取适当的材料或例子
  - 围绕一条主线
  - 清楚有条理地叙事
  - 丰富充实
  - 段落合理过渡（承上启下）
- 结尾
  - 首尾呼应，篇末点题
  - 留有思考的余地（耐人寻味）
  - 总结全文，深化主题
  - 给读者启示

记叙文是以记叙为主要表达方式，综合其他表达方式；以记人、叙事、写景、状物为主要内容；通过描述人物、事件来表达一定的中心思想的一种文体。新闻、通讯、简报、特写、传记、回忆录、游记等，都属于记叙文的范畴。

记叙文写作的注意事项

第一，要交代明白时间、地点、人物，以及事件的起因、经过、结果，否则文章就不完整。

第二，线索清楚。虽然观察的角度、记述的方式可以不同，但每一篇文章都应当有一条贯穿全文的中心线索，否则文章就会松散。

第三，人称要一致。无论用第一人称"我"记述，还是用第三人称"他"记述，都要通篇一致，一般不宜随意转换，否则就容易造成混乱。

记叙文以记叙为主，但往往也间有描写、抒情和议论，并没有清晰的划分。它是一种形式灵活、写法尽可能多样的文体。

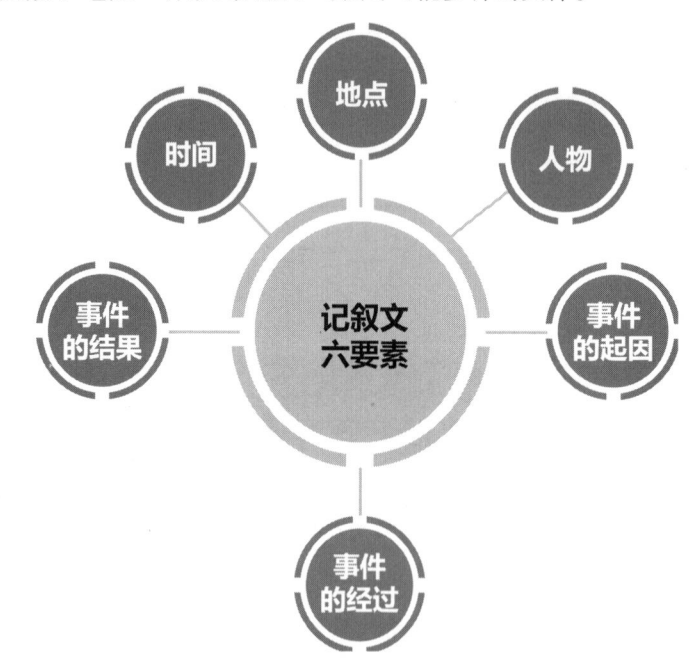

记叙文六要素：时间、地点、人物、事件的起因、事件的经过、事件的结果

记叙文的分类

侧重记人的记叙文：以人物的外貌、语言、动作、心理描写为主，如朱自清的《背影》。

侧重记事的记叙文：以叙述事情的发生、经过和结果为重点，如阿累的《一面》。

下面让我们分别看看记人和记事的记叙文例文。

例文点评

1. 侧重记人的记叙文

用典型事例来塑造人物形象是最容易掌握的关于记人的记叙文的写作方法。下面几篇文章都通过选取合适的材料抓住和突出了人物特色，使文章的主题更加明确。

例文一

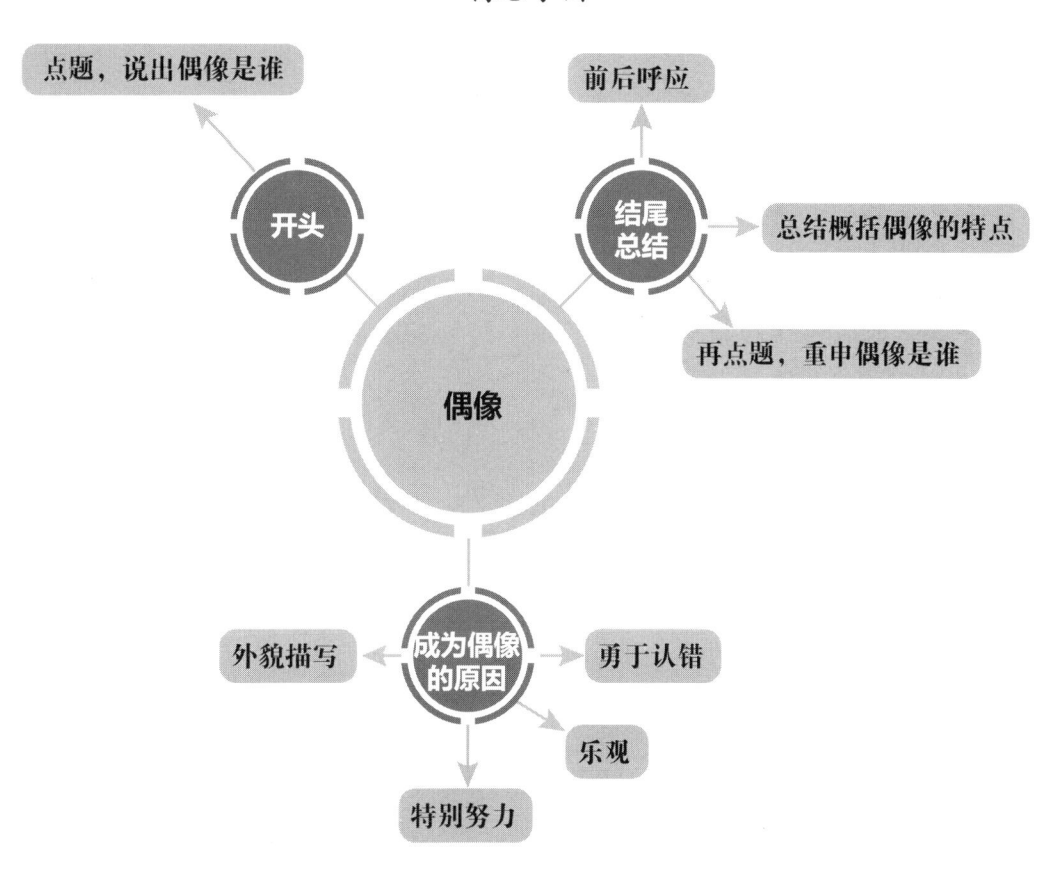

构思导图

- 开头 → 点题，说出偶像是谁
- 结尾总结 → 前后呼应 / 总结概括偶像的特点 / 再点题，重申偶像是谁
- 成为偶像的原因 → 外貌描写 / 勇于认错 / 乐观 / 特别努力

偶像

有的人嫌他们的弟弟常常说个不停，很烦；有的人嫌他们的妹妹为

了得到爸妈的注意而经常哭闹，很讨厌。我并没有兄妹，但是我有一个五岁的表弟。

我的表弟丁丁只有一米高，圆嘟嘟的小脸上架着一副大大的黑框眼镜，特别可爱。虽然个子小，但是他却有很多值得成年人学习的地方。也正因为如此，表弟成为了我的偶像。

丁丁是一个勇于认错的小孩。有一次我带了一盒曲奇饼到外婆家，我一个不留神，曲奇饼就被吃得连饼干屑都不剩。我一怒之下拎出我的两个表弟和三个表妹——"审问"。看着我怒目圆睁的双眼，丁丁怯怯地说："是我吃的，对不起！"但后来我才发现原来是这几个小不点儿一起把饼干吃光的，却只有丁丁勇敢地站出来承认错误。他毕竟只有五岁，跟其他所有小朋友一样，他也会偷吃，也会犯错，但不同于其他小朋友的是，犯了错后他敢于承认错误、敢于承担责任。这一点我自叹不如，所以我敬佩我的表弟，以他为榜样，以他为偶像。

丁丁是一个乐观的小孩。记得有一天，我因为考试拿到C而伤心。回到家，表弟还围着我问三问四，我越来越烦，不想理他，没想到他却跟我说："全班都不及格，你却拿了一个C，姐姐好棒！"那一刻，我忍不住笑了。表弟的话让我醒悟：心态决定一切。开心还是伤心，全在你自己的掌握之中。乐观地面对挫折才会有快乐的人生。表弟虽小却教会了我人生的大道理，所以他是我由衷佩服的偶像。

丁丁是一个特别努力的小孩。有一次我教他画星星，可他怎样画也画不好。看到我不耐烦的表情，丁丁没说什么就走了。第二天，丁丁拿着他画好的星星给我看。我惊呆了！多么漂亮的闪闪发光的星星啊！原来，丁丁回到他的房间就开始画星星，整整画了一个下午，直到画出满意的星星为止。丁丁在美术方面也许少了那么一点儿天分，但"勤能补拙"，他的努力和坚持让他取得了成功。我被表弟不放弃的精神所折服，他也因此成为了我的偶像。

我的表弟丁丁只有五岁，但是我佩服他乐观的人生态度，欣赏他敢于承认错误的勇气，敬佩他永不言弃的可贵精神。在别人眼里，他也许只是一个平凡的小孩子，但在我的心目中，他是我学习的榜样、努力的目标。丁丁就是我的偶像。

> **教师点评**
> 本篇记叙文的叙述详细具体，细节描述生动逼真，通过描述关于"偶像"弟弟的几件小事，让人物个性鲜明突出，形象丰满，跃然纸上。结尾照应开头，中心明确。文章语言通俗易懂，贴近生活，读来令人倍感亲切。

例文二

构思导图

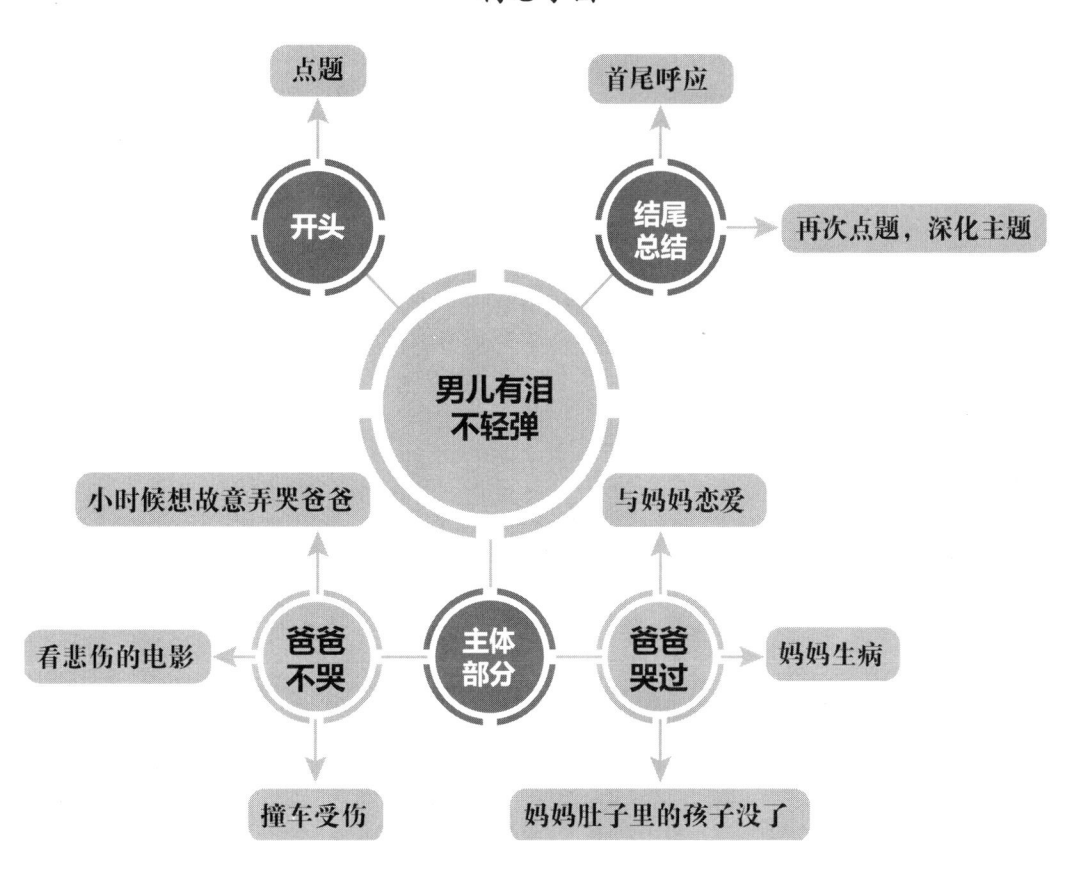

```
        点题                      首尾呼应
         ↑                          ↑
       ┌───┐                     ┌──────┐
       │开头│                     │结尾总结│ → 再次点题，深化主题
       └───┘                     └──────┘
               ┌──────────┐
               │男儿有泪不轻弹│
               └──────────┘
小时候想故意弄哭爸爸                    与妈妈恋爱
         ↑                               ↑
      ┌─────┐    ┌────┐    ┌─────┐
看悲伤的电影 ← │爸爸不哭│ ← │主体部分│ → │爸爸哭过│ → 妈妈生病
      └─────┘    └────┘    └─────┘
         ↓                               ↓
       撞车受伤                      妈妈肚子里的孩子没了
```

男儿有泪不轻弹

在我的一生中，我从来没有看过男孩子或男人哭，这包括我爸爸。为什么"男儿有泪"要"不轻弹"呢？我一直不明白这句话。

小时候，我试过弄哭爸爸，但是爸爸一滴眼泪都没有流。我长大后的一天，我带爸爸去看一部很悲伤的电影。电影结束后，差不多全场人都是哭着出来的，爸爸却面无表情地走了出来。我问他："我以为你也会哭呢！"爸爸笑着回答："有什么好哭的呢？这是电影嘛，是虚构的故事。"

回到家，我问妈妈："妈，爸爸是不是冷血动物？他看了那么悲伤的电影都不会哭！"妈妈生气地回答："冷血？当然不是！"我说："那爸爸什么时候才会哭呢？"想起去年爸爸撞车受伤一事，他都一滴泪没掉，我更加困惑。

妈妈开始讲故事了。当年，妈妈和爸爸在大学校园里遇见并相爱了。他们在一起八年之后，妈妈觉得是时候告诉自己的父母她和爸爸的关系了，可是没想到，外婆反对妈妈和爸爸在一起，还勒令他们分手。妈妈被迫跟爸爸说分手的那一刻，爸爸第一次哭了。妈妈心痛了，告诉爸爸分手是出于无奈，并告诉爸爸分手的真正原因。后来，爸爸和妈妈决定秘密结婚。

结婚后三年，妈妈有一天突然晕倒了，被紧急送进了医院。医生跟爸爸说妈妈可能得了癌症，爸爸听到后不禁哭了出来。这是爸爸人生第二次掉眼泪。幸好，经过治疗，妈妈终于健健康康地出院了。

爸爸第三次哭，是发现妈妈肚子里的第二个孩子没了，还因此引起了大量失血的时候……

这一刻，我才明白爸爸只会因为妈妈哭，他只会因为爱情掉眼泪。我也明白了"男儿有泪不轻弹"的意思——男孩子的性格都很倔强，不会轻易掉眼泪，但他们的眼泪只会为他们心中最重要的人而流，为他们生命中最珍贵的事而流。

教师点评

小作者以"爸爸的眼泪"为线索，按照时间顺序叙述了爸爸和妈妈真挚的爱情故事。文章主题突出，叙述有详有略，前后呼应，不失为一篇记叙文的佳作。

例文三

构思导图

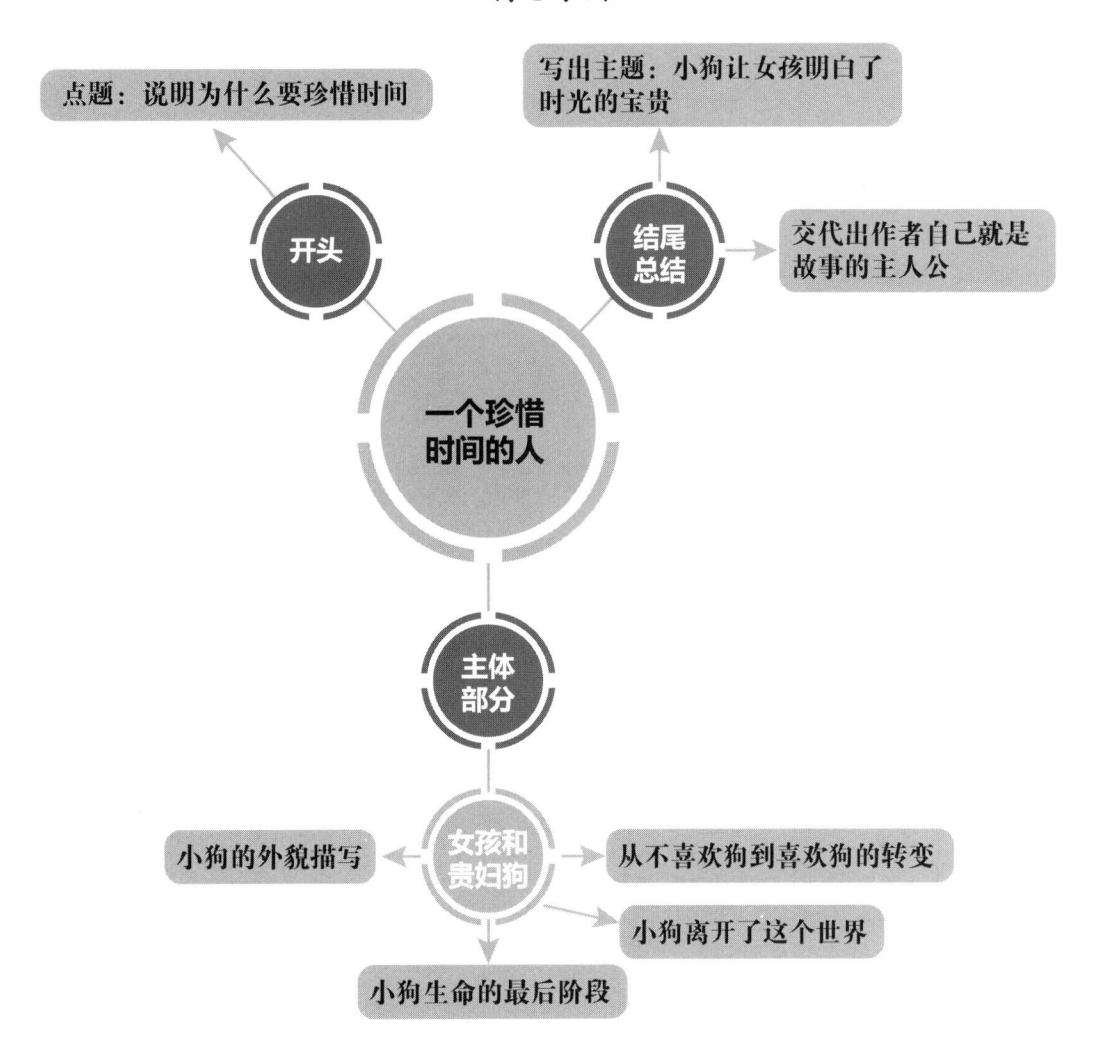

- 开头 → 点题:说明为什么要珍惜时间
- 结尾总结 → 写出主题:小狗让女孩明白了时光的宝贵
- 结尾总结 → 交代出作者自己就是故事的主人公
- 一个珍惜时间的人
- 主体部分
- 女孩和贵妇狗
  - 小狗的外貌描写
  - 从不喜欢狗到喜欢狗的转变
  - 小狗离开了这个世界
  - 小狗生命的最后阶段

一个珍惜时间的人

时间对你来说意味着什么?一分钟有六十秒,一小时有六十分钟,一天有二十四个小时。俗话说,"一寸光阴一寸金,寸金难买寸光阴"。时间比世界上的任何东西都重要,因为时间一去不复返。世界上一切美好的事物也都随时间的流逝而离我们远去,所以我们要格外珍惜时间,珍惜我们身边一切美好的东西。

我们都知道,人的平均寿命大约是八十岁,那狗的平均寿命是多少呢?

有这么一个女孩，她从来不喜欢狗，可是她的父母却在她九岁生日那天领养了一只小贵妇狗送给她。

小狗非常漂亮。它的毛色就像加了奶的咖啡一样呈浅棕色，摸上去的感觉也像加了奶的咖啡一样顺滑。小狗的耳朵短短的、圆圆的，鼻尖带点儿粉红色，还有点儿湿湿润润的，眼睛大大的，像水晶葡萄一样清澈，还忽闪忽闪的。遗憾的是，这只可爱的小狗因为体弱多病，被它的主人抛弃了。但幸运的是，它被一个新的家庭收养了，而故事也就从此开始了……

那个女孩我们先称她为 X。九岁生日那天，X 满心期望的礼物是一辆自行车，而收到的却是一只她最讨厌的小狗。X 生气地把自己反锁在房间里，她不明白爸爸妈妈为什么要这样做。可爱的小狗每天都咬着玩具逗她，摇着尾巴讨她欢心，她都不理不睬。后来有一天 X 因为在学校遇到一些很不开心的事，回家哭了一整晚，只有小狗趴在她的身边陪着她，她才开始喜欢小狗。从此，她每天放学后都会带小狗出去散步、玩耍。她做作业的时候，小狗趴在书的旁边陪着她；早上的时候，小狗会爬上她的床叫醒她。日子就这样一天天快乐地过去了。

小狗越大身体越差。它经常呕吐，还总是没精打采地趴在地板上。医生说小狗的生命快到尽头了，所剩的日子不多了。X 看着小狗，眼泪控制不住地流下来。但她仍然勇敢地抱起它，把它带回家。

时钟在滴答滴答永不停歇地走着，日子也一天一天永不间断地流逝。每天早上起床后 X 第一时间去跟小狗说早安，放学回家后就在客厅陪着小狗。X 一边温柔地抚摸着小狗的身体，一边替它梳理毛发。到了黄昏，X 会绞尽脑汁给小狗吃些它喜欢吃的东西。确定小狗吃饱了，X 才会安心地吃自己的晚饭。临睡前，X 会含着泪小声地跟小狗说声"我爱你"。

生活就这样日复一日地过着。早上一声"早安"，晚上一句"我爱你"。X 为小狗又多活了一天而感动，也为此而感到欣慰。

某一天的黄昏，X 照例一边温柔地抚摸着小狗的身体，一边替它梳理毛发。小狗慢慢地闭上了它的眼睛，从此没再睁开。它死的时候很安详。它平静、幸福地离开了这个世界。

X 没有痛哭流涕，她带着一点忍不住掉下的泪滴，最后一次亲吻了小狗。狗的寿命很短，在短短的几年里，X 已经尽力让小狗过得美满快乐。X 终于明白了九岁那年爸爸妈妈送这个生日礼物的目的，就是让 X 明白"时间一去不复返"的道理，学会珍惜每分每秒，珍惜身边一切美好的事物。正因为 X 抓住了每一秒宝贵的时光，跟小狗度过了它生命中幸福快乐的每一天，所以她无悔无憾。

而我，就是故事里的 X。

教师点评

"一个珍惜时间的人"本是一个赞扬人的优良品质的文章，小作者用巧妙的构思，别出新裁地叙述了一个因小狗即将离世而让一个女孩子格外懂得珍惜时间的故事。文章用简单明了的叙述和朴实自然的语言，将作者对小狗的爱和不舍表达得真实、动人。文章的最后一句交代出作者本人就是故事的主人公，有出其不意的精彩。

▶【练一练】

① 我真正的朋友
② 一位人中豪杰
③ 我最怕面对的一个人
④ 最爱我的一个人
⑤ 良师

有关"亲情"的成语、俗语和名言警句

贤良淑德　父爱如山　无微不至　骨肉至亲　敬老尊贤

① 可怜天下父母心
② 儿行千里母担忧
③ 慈母手中线，游子身上衣。
④ 谁言寸草心，报得三春晖。
⑤ 父母者，人之本也。
⑥ 母子之情是世界上最神圣的情感。
⑦ 孩子是母亲的生命之锚。
⑧ 慈母的胳膊是慈爱构成的，孩子睡在里面怎能不甜。
⑨ 母爱是世间最伟大的力量。
⑩ 世界上有一种最美丽的声音，那便是母亲的呼唤。

⑪ 谁拒绝父母对自己的训导，谁就首先失去了做人的机会。
⑫ 父母和子女，是彼此赠与的最佳礼物。

2. 侧重记事的记叙文

　　作为中学生，甚少有"惊天动地"的事发生在平时的学习生活中，以下几位小作者却能将看似平常的小事描写得有趣又不失真实。侧重记事的记叙文重在叙事有详有略，突出重点，从而烘托出故事的高潮，以下几篇文章的构思和叙事技巧值得借鉴。

例文一

构思导图

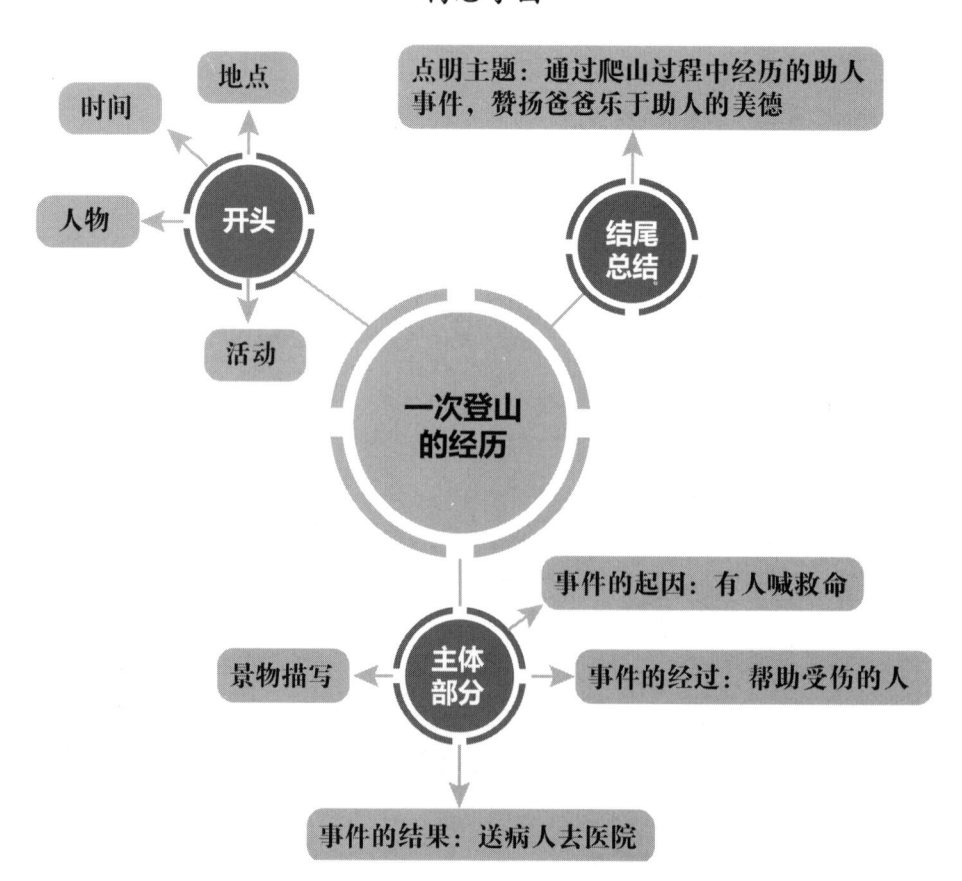

- 开头：时间、地点、人物、活动
- 一次登山的经历
- 主体部分：
  - 事件的起因：有人喊救命
  - 事件的经过：帮助受伤的人
  - 事件的结果：送病人去医院
  - 景物描写
- 结尾总结：点明主题——通过爬山过程中经历的助人事件，赞扬爸爸乐于助人的美德

一次登山的经历

香港的十一月秋高气爽，气候宜人，是远足登山的好季节。一天，爸爸提议我们一家去香港最著名的狮子山远足，共享天伦之乐。

狮子山郊野公园内的道路还算平缓，偶尔会有一些台阶。道路两旁有很多树木和花草，也有不少小溪和瀑布。沿路走去，时不时可以闻到花草的香气，听到小鸟"叽叽喳喳"的叫声，以及小溪"哗哗"的流水声。我、爸爸和妈妈，我们一边聊天一边欣赏大自然的美景。不知不觉，我们就来到了山顶。山顶凉爽的清风使我感到非常舒畅。站在狮子山的山顶，尽揽香港的美景，我感到特别自豪。突然，我听到有人在喊"救命"。

我赶忙拉着爸爸妈妈向着"救命"声传来的方向跑去。我们看到一个大约二十几岁的年轻女士躺在地上。她的脸上露出痛苦的表情，腿上还在流血。原来她不小心踩到石头上的青苔，滑倒了，并扭伤了脚，还擦伤了皮肤。我站在那里不知所措，呆若木鸡，心里感到慌张害怕。可爸爸却非常镇定，他叫妈妈拿给他一瓶清水，小心翼翼地为伤者清洗伤口，然后为她包扎。

爸爸虽不是医生，但他学过急救课程。我们每次出去远足或旅游，爸爸都会备好急救装备，想不到这次真的用上了。包扎完毕，爸爸慢慢地把伤者扶起来，让她站起来走一走。爸爸充满耐心和爱心的举动让我感动。

"快打电话叫人派辆救护车来！"他吩咐妈妈。可是，山上没信号，电话打不出去。这时，那位女士的脚还是疼得非常厉害，并且还在流血。爸爸知道不能再耽误时间了，于是他灵机一动，把她背到背上，一步一步地背着她走下山，并把她送到最近的医院。我、爸爸和妈妈一直在医院陪着那位女士，直到她的家人赶来，我们才放心地离开。

虽然我们没能像预计的那样轻轻松松地享受登山之乐，但突如其来的事件让我看到爸爸乐于助人的美德。虽然他并不认识那位女士，但他还是毫不犹疑、无微不至地照顾她。对我来说，这一天是我最难忘的一天，因为在这一天里，我对爸爸有了更深的了解，也从爸爸身上学到了什么是助人为乐。以后看到有人需要帮助，我也会像爸爸一样毫不犹豫地伸出双手去帮助他们。

教师点评

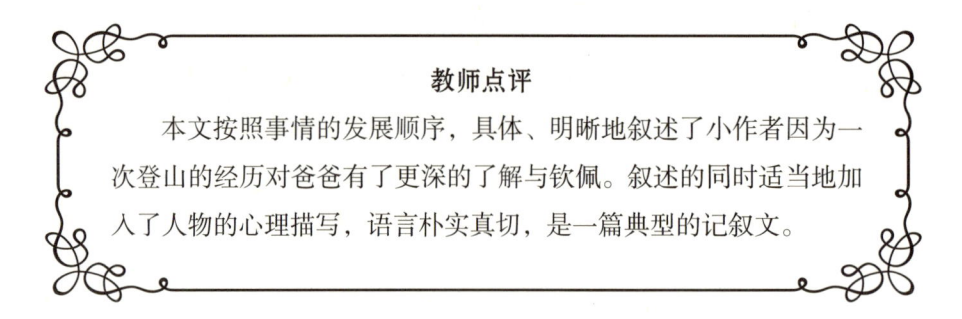

本文按照事情的发展顺序，具体、明晰地叙述了小作者因为一次登山的经历对爸爸有了更深的了解与钦佩。叙述的同时适当地加入了人物的心理描写，语言朴实真切，是一篇典型的记叙文。

例文二

构思导图

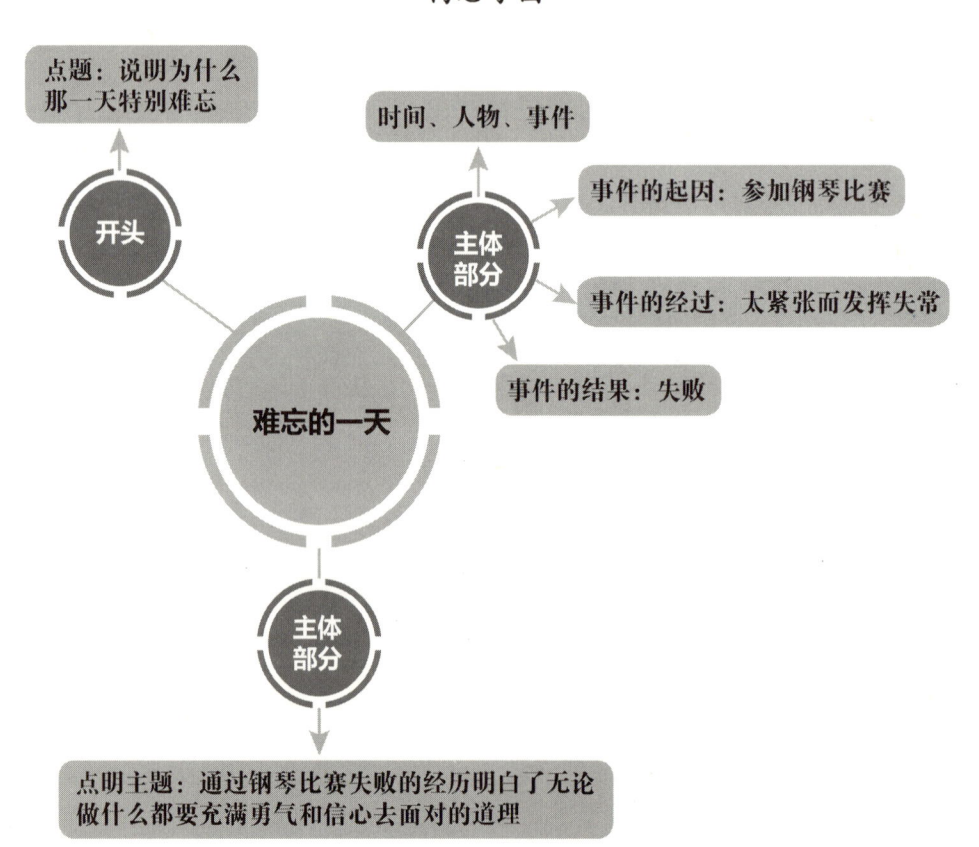

- **开头** — 点题：说明为什么那一天特别难忘
- **主体部分** — 时间、人物、事件
  - 事件的起因：参加钢琴比赛
  - 事件的经过：太紧张而发挥失常
  - 事件的结果：失败
- **难忘的一天**
- **主体部分** — 点明主题：通过钢琴比赛失败的经历明白了无论做什么都要充满勇气和信心去面对的道理

难忘的一天

那一天，我失败了！冷静下来后，我思忖着，我是输了，但是我没有输给别人，而是输给了我自己！我输在对强手产生了畏惧！面对强手，我没有足够的勇气和信心去战胜他们。

那天是我参加钢琴比赛的日子。我坐在自己的座位上等待着我的比赛时间。我突然心慌意乱起来，越看越觉得参赛的同学仿佛都是很强的对手，很难战胜。"怕什么，别慌！"我强作镇定，在心里安慰着自己。可是不行，我的心情越来越紧张，怀里像揣了一只小兔子，额头上不知什么时候挂满了汗珠，脑子里越来越乱……我用手使劲按着胸口，觉得这样心就不会跳出来了。

下一个就是我了。此刻，我的脑子乱极了，眼前的乐谱好像很陌生，记得熟得不能再熟的曲子好像一下子全忘光了，那篇用来比赛的乐谱上密密麻麻的音符好像小虫在蠕动。我长吁了一口气，屏住呼吸，等待老师叫我。

到我出场了，我坐到了钢琴旁。不知怎的，我的手指就是不听使唤。为了克服慌张的情绪，我心里默默地说着"放松、放松"，可脑子里还是像塞了一团乱麻……也不知是如何把整段曲子弹完的。

不一会儿，结果出来了，我的得分最低。全砸了！这时，不争气的眼泪扑簌扑簌掉下来，我觉得全身的血一下子涌到脸上……

这次失败，给了我这样的启示：不论做什么，都要充满勇气和信心去面对！无论遇到什么困难都不要气馁！从那天开始，我就下决心克服自己的弱点，继续努力，直至成功。

教师点评

小作者将短短的钢琴比赛通过一系列心理变化生动逼真地描述出来。整篇作文内容有张有弛，让读者的心情也随之起伏。文章开头有新意，直接将读者带入叙事环境中，全文层次感强，叙述井然有序。

例文三

构思导图

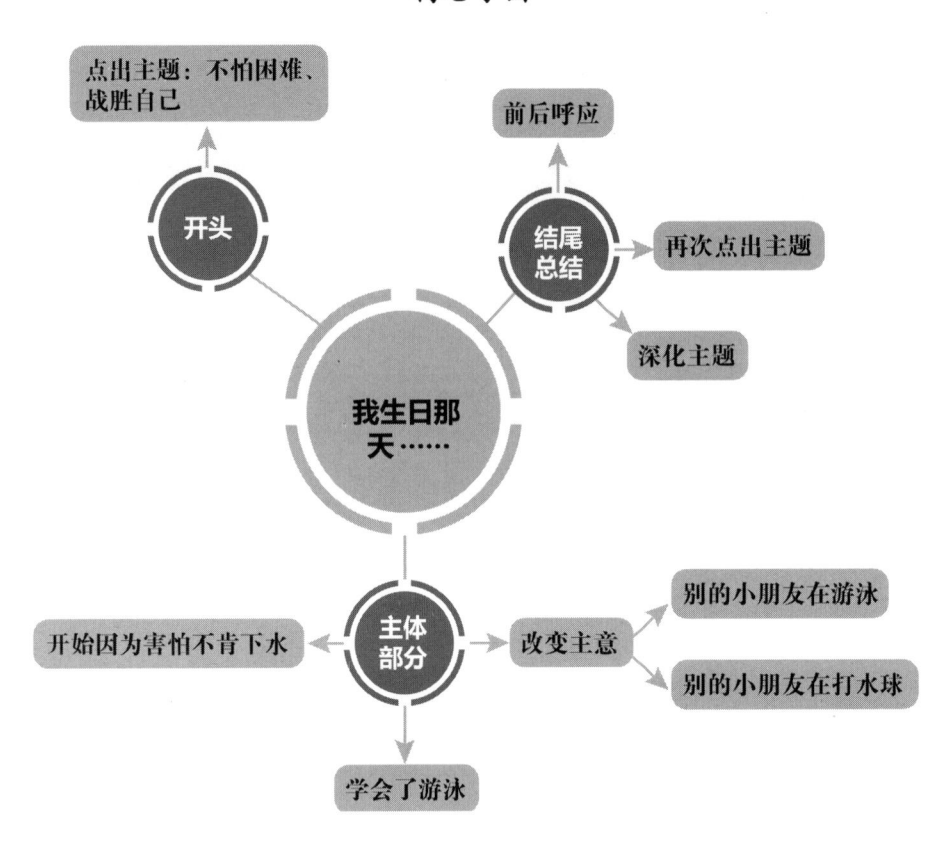

- 开头 → 点出主题：不怕困难、战胜自己
- 结尾总结 → 前后呼应；再次点出主题；深化主题
- 主体部分
  - 开始因为害怕不肯下水
  - 改变主意 → 别的小朋友在游泳；别的小朋友在打水球
  - 学会了游泳

中心：我生日那天……

我生日那天……

人生的路是铺满荆棘的，一个人只有不怕困难，迎着压力，学会战胜自我，才能不断地成长，不断地进步。

记得我八岁的生日礼物是一堂游泳课。生日那天早上，爸爸妈妈神神秘秘地说要送我一个礼物，但必须要跟他们出去才能知道礼物是什么。带着困惑的心情，我跟着爸爸和妈妈出去了。原来，他们带我去了一个游泳馆学游泳。那时的我真是一个胆小鬼！看见游泳池里绿盈盈的水我就害怕了，任凭爸爸妈妈怎么劝怎么哄，我就是不肯下水。爸爸妈妈见状就自己去游泳了，我一个人坐在游泳池边。突然，我看到一个和我年龄差不多的女孩子，她像一条小鱼似的在游泳池里来回地游着，一会儿自由泳，一会儿蛙泳，动作是那么熟练自如。我也想和那个女孩子一样在游泳池里游泳，于是我拉住栏杆，小心翼翼地下了水。可我刚一碰到冰凉的水,我的念头又改变了,我又爬上了岸。过了一会儿,我看到一群人在打水球,我看着那水球在空中飞来飞去,真想自己也去玩儿上一把,于是我第二次下了水,我刚想和他们一起去打水球,突然我转念一想:万一我的脚着不了地,淹死了怎么办?我再一次爬上了岸。人们的欢笑声让我急得不知所措。我想待在岸上,但这样就不能打水球了;我也想下水,但万一淹死了怎么办?我急得六神无主,经过再三犹豫,我还是决定下水。这时爸爸看出了我的心思,主动当起了我的教练……

回家的路上我快乐极了,快乐的是我学会了游泳,快乐的是我终于战胜了自己。现在的我早已经不胆小了。我学会了蛙泳、自由泳和仰泳,不仅能在游泳池里自如地游泳,还可以在学校游泳比赛中得到前三名。

其实困难并不可怕,只要你有勇气战胜困难、战胜自己,胜利并不遥远。学会战胜自己吧!只有这样你才能不断提高自己,向着更高的目标前进。

八岁那年我收获了一个让我一生都受益的生日礼物。它不仅让我学会了游泳,更重要的是让我懂得了怎样成就一个更好的自己。

教师点评

本文的主题突出——生日礼物即为自己生日这天学会的人生道理,明了扼要。一系列的心理活动描写令文章感情真切、立意鲜明,是一篇优秀的记叙文范文。

▶【练一练】

① 周末
② 很难为情的一件事
③ 明年的生日,我打算这样过
④ 我最快乐的一天
⑤ 去年今日

有关"友情"的成语、俗语和名言警句

亲密无间　推心置腹　志同道合　知音难觅　风雨同舟　情同手足
一见如故　促膝谈心

① 不打不相识

② 近朱者赤，近墨者黑。

③ 友谊是培养人的感情的学校。

④ 真正的友情，是一株成长缓慢的植物。

⑤ 世间最美好的东西，莫过于有几个头脑和心地都很正直的朋友。

⑥ 挚友如异体同心。

⑦ 友谊永远是一个甜柔的责任，从来不是一种机会。

⑧ 真友谊像磷火——在你周围最黑暗的时刻显得最亮。

⑨ 友情在我过去的生活里就像一盏明灯，照彻了我的灵魂，使我的生存有了一点点光彩。

⑩ 真正的友谊好像健康，失去时才知道它的可贵。

⑪ 友谊使欢乐倍增，悲痛锐减。

⑫ 谈到名声、荣誉、快乐、财富这些东西，如果同友情相比，它们都是尘土。

记叙文参考题库

记人：

① 我最信任的一个人

② 睹物思人

③ 我的邻居

④ 博爱的奶奶

⑤ 我的母亲

⑥ 我的父亲

⑦ 我的奶奶

⑧ 一个珍惜时间的人

⑨ 他赢得了我的尊重

⑩ 手足情

记事：

① 我最喜欢的一门课

② 难忘的一课
③ 一次有趣的聚会
④ 春季踏青
⑤ 一个炎热的夏日
⑥ 童年的回忆
⑦ 我最喜欢的一个节日

记叙文自我评估表

A. 内容	非常好	很好	满意	需要努力
1. 切题				
2. 内容有意义、有深度				
3. 要素齐全				
4. 选材合理				
5. 线索清晰				
6. 中心思想突出				
B. 结构	非常好	很好	满意	需要努力
1. 段落层次清楚				
2. 情节发展合理				
3. 有头有尾				
4. 开头吸引人				
5. 结尾有力				
6. 前后呼应				
C. 语言	非常好	很好	满意	需要努力
1. 用词准确				
2. 词汇丰富				
3. 句子通顺				
4. 写作手法使用恰当				
5. 标点正确				
6. 字数达标				

夹叙夹议的文章算记叙文还是议论文？

记叙文是一种以叙述、描写为主的文体。它主要通过记人、叙事、写景、状物来表达一定的中心思想。而议论文则是一种以议论为主的文体。它主要通过议论来阐明作者的见解、主张、观点的正确性、合理性，或驳斥别人观点、论调的荒谬性、错误性。一般地说，议论文由论点、论据和论证三要素构成。

记叙文和议论文虽然有如此的区别，但是运用的叙述、议论等表达方式并非各自独立、互不相关的。其实，在写作的时候，各种表达方式会因为文章中心内容的需要而得到交叉、综合的运用，只是侧重于不同的表达方式而已。

如记叙文中，在以记叙、描写为主的同时，通常又有少量而精到的抒情性的议论文字，以此来深化文章的主题，或使结构趋于严谨，这就是记叙文中的夹叙夹议。

又如在议论文中，在以议论为主的同时，有时又夹有一些叙述性的文字，如此夹叙夹议，使文章的论证方法更为活泼，达到说理透彻、以理服人的效果。

记叙文的夹叙夹议与议论文的夹叙夹议是有区别的。主要表现在下面几方面：

1. 记叙文以叙述、描写为主，也就是说"叙"是它的主体，"议"的部分不占主要地位。议论文以议论为主，也就是说"议论"是它的主要表达方式，"叙"是它的辅助手段，不占主要地位。

2. 记叙文写的是生活中的见闻，要表达出作者对于生活的真切感受。所以，在记叙文中，记叙的内容丰富、生动感人，让读者有身临其境之感，并从中受到感动。而在议论文中，记叙比较简明扼要，不要求详细生动。这些记叙的内容在议论文中只起论据的作用。

3. 由于两种文体的写作目的不同，因此，议论在两种文体中有着不同的地位。在记叙文中，议论不能成为文章的主体，不必做充分的论证，只是起到画龙点睛、深化主题的作用；写议论文则是为了阐述观点、看法，让读者信服中心论点，所以议论成为文章的主体，并且一般都要进行充分的论证。

以上是记叙文和议论文两种文体中的夹叙夹议的三个不同点。弄清了它们的区别之后，在今后的写作中就要注意它们的不同特点，恰当地运用夹叙夹议的方法，这样才能写出更好的文章来。

第五章

描写文（卷二）

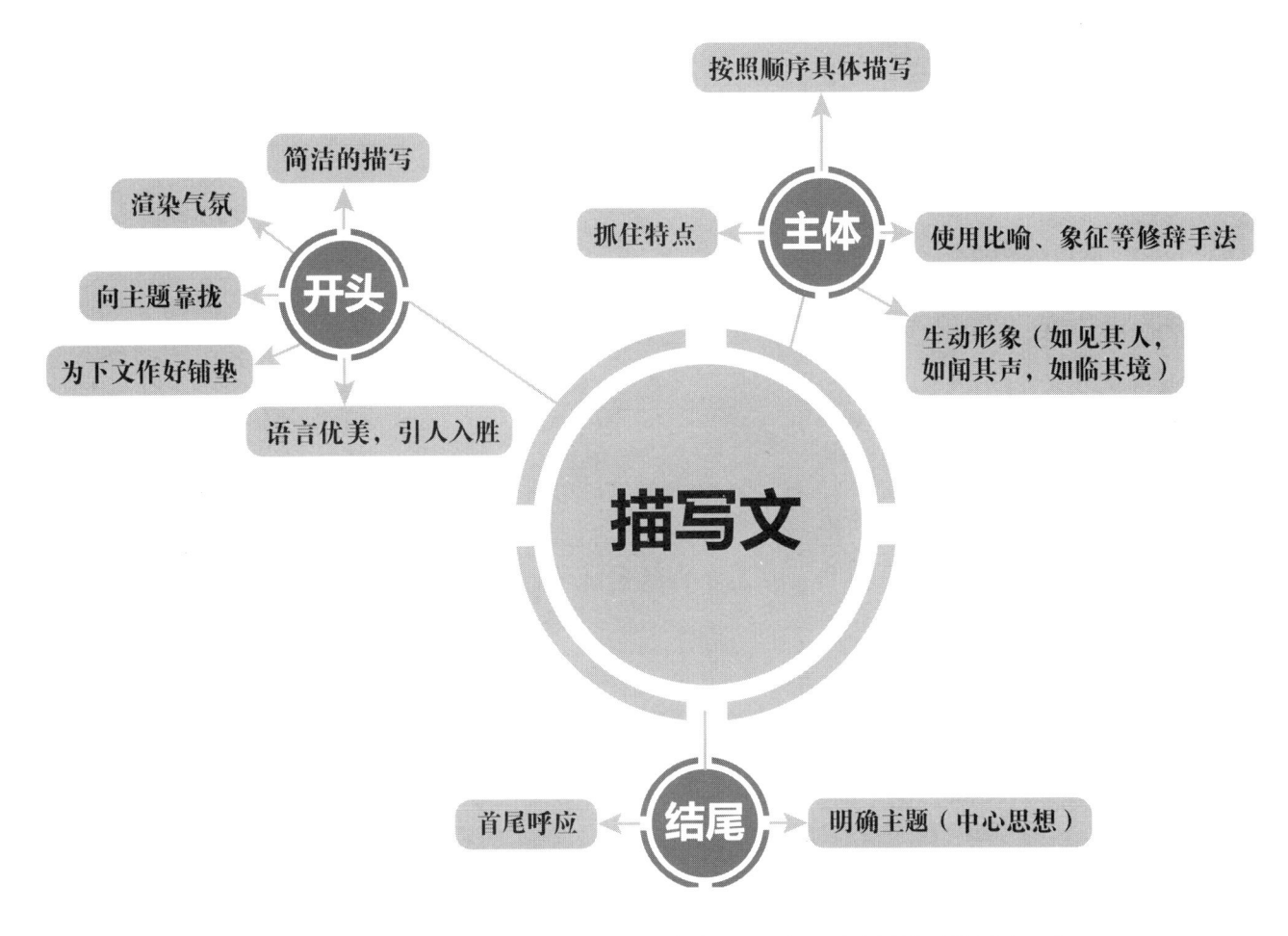

```
开头
  ├── 简洁的描写
  ├── 渲染气氛
  ├── 向主题靠拢
  ├── 为下文作好铺垫
  └── 语言优美，引人入胜

主体
  ├── 按照顺序具体描写
  ├── 抓住特点
  ├── 使用比喻、象征等修辞手法
  └── 生动形象（如见其人，如闻其声，如临其境）

结尾
  ├── 首尾呼应
  └── 明确主题（中心思想）
```

描写文

描写文主要分为人物描写和景物描写两种，不论写景还是写人，都看重细节描写：抓住生活中细微而具体的典型情节，加以生动细致的描绘。人物描写看重塑造丰富的人物形象，使人物有血有肉有灵魂；景物描写则以描绘景物为主，同时通过景物描写寄托情怀。不论写人还是写景，都要力求做到写人则如见其人，写景则如临其境。

人物描写

描写人物方法有直接描写和间接描写两种。

1. 直接描写

直接描写人物外貌、语言、行为和心理。

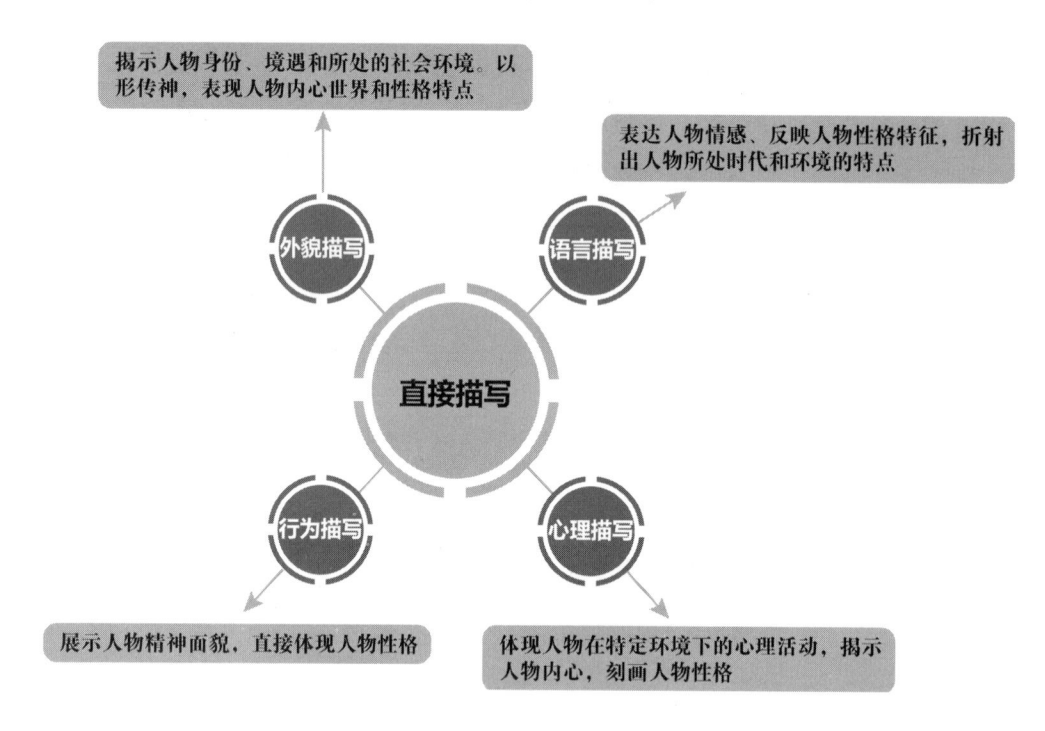

揭示人物身份、境遇和所处的社会环境。以形传神，表现人物内心世界和性格特点

表达人物情感、反映人物性格特征，折射出人物所处时代和环境的特点

外貌描写

语言描写

直接描写

行为描写

心理描写

展示人物精神面貌，直接体现人物性格

体现人物在特定环境下的心理活动，揭示人物内心，刻画人物性格

2. 间接描写

通过对周围自然环境的描写——包括其他人物、事件的叙述和描写来渲染气氛、烘托人物。

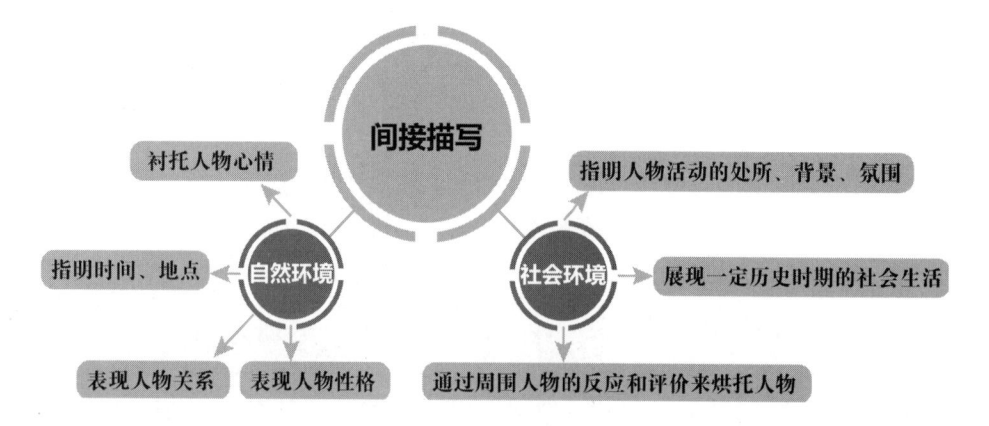

间接描写

衬托人物心情

指明人物活动的处所、背景、氛围

指明时间、地点

自然环境

社会环境

展现一定历史时期的社会生活

表现人物关系　表现人物性格

通过周围人物的反应和评价来烘托人物

景物描写

1. 时间顺序与空间顺序

基于景物的描写顺序，分为时间顺序和空间顺序，空间顺序又分为步移法和层递法。

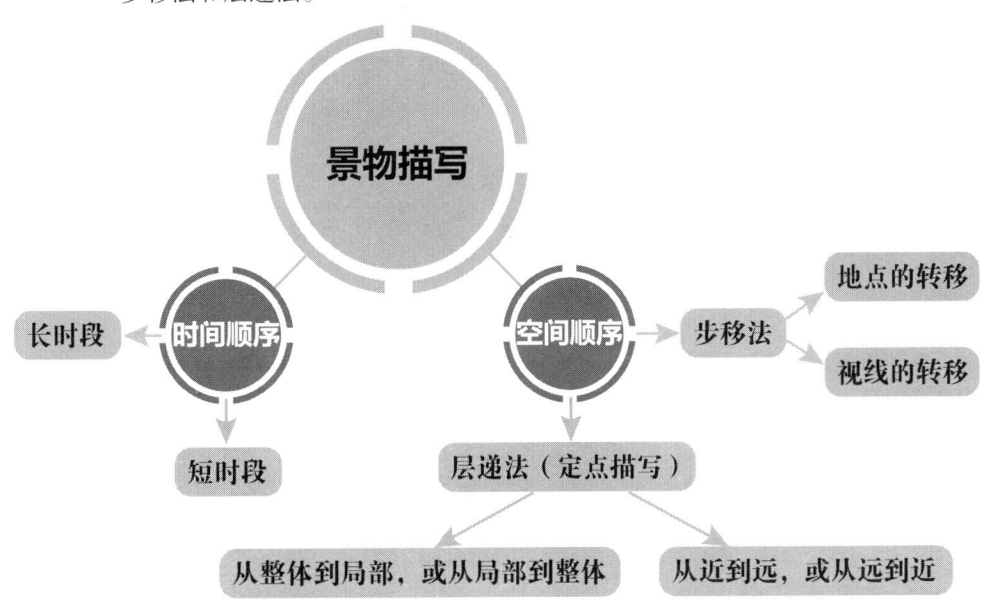

```
                        景物描写
           ┌───────────────┴───────────────┐
        时间顺序                        空间顺序
        ┌──┴──┐                    ┌──────┴──────┐
      长时段  短时段              步移法          层递法（定点描写）
                              ┌────┴────┐      ┌────┴────┐
                           地点的转移  视线的转移  从整体到局部，   从近到远，
                                                 或从局部到整体   或从远到近
```

时间顺序		同一个地方在不同的时间里，其景物是有变化的，按一定的时段依次写来，可以表现出景物的丰富多姿，使人产生美的感受。 时段有长短之分，既可按长时段，如春、夏、秋、冬，也可按短时段，如晨、午、暮、夜来写。
空间顺序	步移法	不取固定的观察点，而随着观察者位置的转移来描写景物，使读者如同追随作者欣赏景色，对景物的感受更为深刻。
	层递法	取一个固定的观察点，按照视线移动的顺序依次写出各个位置上的景物，一般先写整体再写局部，使读者先对主体的环境有概略的理解，然后层次分明地逐层描写。

2. 静态描写与动态描写

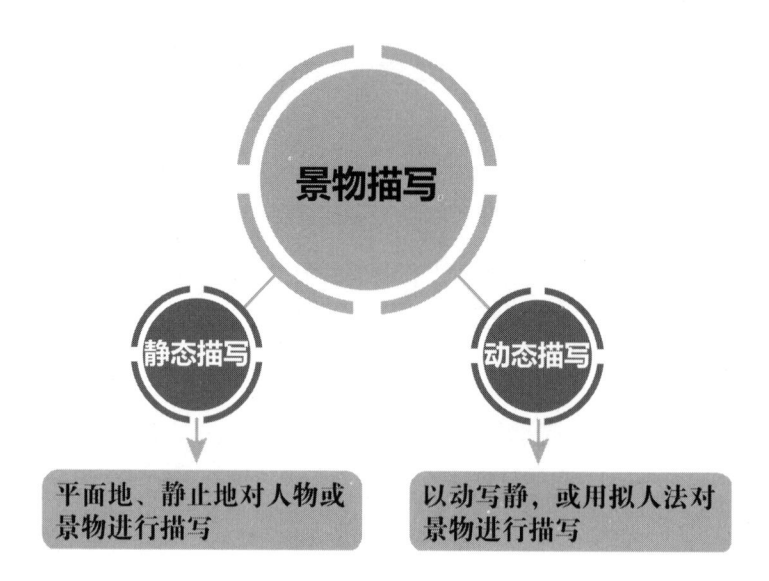

景物描写
- 静态描写：平面地、静止地对人物或景物进行描写
- 动态描写：以动写静，或用拟人法对景物进行描写

3. 联想、想象、比喻与拟人

景物描写
- 联想
- 动静结合
- 虚实相映
- 动态描写
- 感官联想和想象
- 拟人
- 想象
- 比喻

例文点评

1. 人物描写

近年来关于人物描写的命题逐年增多，但大多跳不出"令你尊敬/钦佩/难忘的人"的题目范畴。人物描写除了重在对人物形象与性格的刻画，还重在感情的抒发。所描写的人不一定是大人物，但必须是令人印象深刻的人物。

例文一

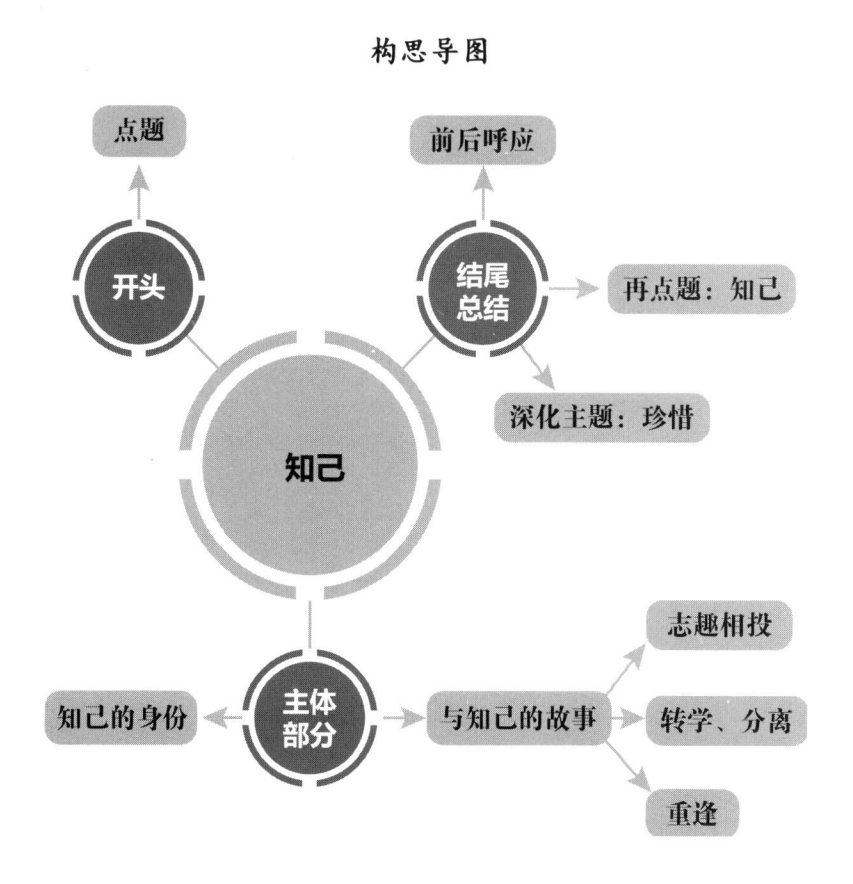

构思导图

```
开头 → 点题
结尾总结 → 前后呼应
         → 再点题：知己
         → 深化主题：珍惜
知己
主体部分 → 知己的身份
       → 与知己的故事 → 志趣相投
                  → 转学、分离
                  → 重逢
```

知己

　　我们总是习惯在某一个特定的时间和地点记住某一件事，而与之相关的那个人也会自然而然地出现在脑海中。

　　时光一去不复返，但我对他的思念与不舍却从未离去。回首往昔的岁月，那些温暖的记忆在脑海里若隐若现，似乎在以它的方式宣告着它的存在。躺在绿油油的草原上仰望着蔚蓝的苍穹，微微阵风在耳边拂过，我又想起了他，我的知己。

童年的生活总是美好的。我们是同班同学，也是很好的兄弟。儿时的我和他天真无邪，天不怕地不怕。闲时，我们总是天马行空地畅谈我们心目中那微小的所谓的"梦想"。谈到兴起，还会在烈日下奔跑，似是真的要让梦想飞起来。那时候的我和他有着无穷无尽的精力可以消耗，但有时，我们也会静静地躲在图书馆中，轻声轻气地交换着彼此对各种书籍那幼稚而"精辟"的见解，偶尔也会为书中一些莫名其妙的细节大笑一番……那段无忧无虑的快乐时光至今还让我回味无穷。他令我明白了人与人之间相处的乐趣在于志趣相投。他也令我明白了什么叫"知己"。

我们没有因时间及年龄的变化而有所生疏，时间的流逝反而令我们更珍惜彼此之间的友谊……可是，就在我们五年级的时候，他因为某些原因而转学了。事情来得太匆忙，以至于我甚至没有来得及留下他的联络方式。年少的我，就这样尝到了与最亲的朋友分离的苦痛。没有他的日子，我感到孤单和寂寞，陪伴我的只有对和他在一起时的快乐时光的怀念。

我以为今生再也不会与他重遇了，谁知他却在某个街角戏剧化地出现在我的眼前。我们重逢的那一刻来得太突然，以至于让我们感到那么的不真实，但那一刻的欣喜是难以用语言来形容的。

那是在我们分开快两年的一天。小学即将毕业，我面临的是和熟悉的老师和同学的分离，进入陌生的中学开始新的学习生活。我心中的不安及紧张让我寝食难安。我多么想找个人谈一谈，却发现自己是如此的孤寂。我"灰头土脸"地往家附近的一个图书馆走着，希望在那儿能找到一本能够让我快乐起来的书。就在图书馆的街角处，一个洪亮并且熟悉的声音突然在我的耳边响起。他在叫我的名字！我猛地回过头，映入眼帘的是一张再熟悉不过的面孔。是他，我的知己好朋友！我们兴奋地又蹦又跳、又喊又叫。这一幕突然降临，犹如梦境一般。

那个下午，我们无所不谈、无话不说。有位著名的哲学家曾说过"挚友如异体同心"，他就是我在茫茫人海中寻到的一位挚友！我很久没有谈得那么畅快了，以至于忘记了回家，直到妈妈打电话来……

也许他平平无奇，但在我心目中，他永远都是我的知己，是对我影响最大的一个人。

我相信，每个人心目中都一定有一位挚友。这个知己也许是师长、父母、兄长或朋友。在他人的眼中，他们可能很平凡，但真正能感受到"知己"平凡中凸显的不平凡，往往就只有和他异体同心的你。俗话说"千金易得，知己难求"，请珍惜每一位在你生命中懂你、支持你、深深影响过你的知己！

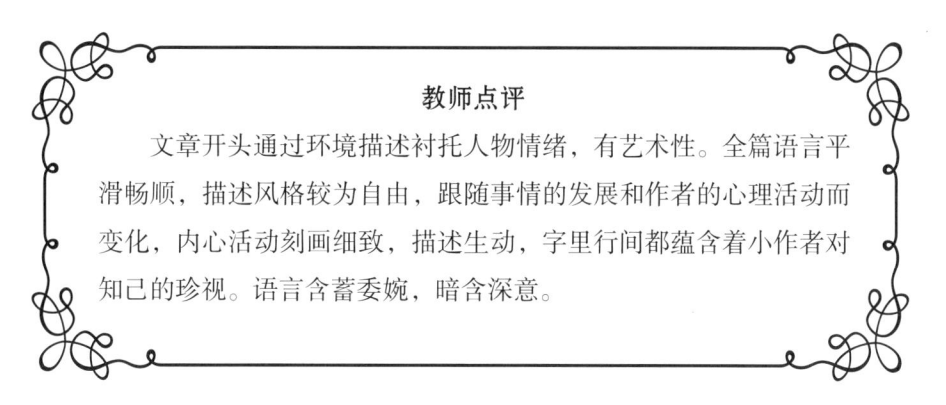

> **教师点评**
> 　　文章开头通过环境描述衬托人物情绪，有艺术性。全篇语言平滑畅顺，描述风格较为自由，跟随事情的发展和作者的心理活动而变化，内心活动刻画细致，描述生动，字里行间都蕴含着小作者对知己的珍视。语言含蓄委婉，暗含深意。

例文二

构思导图

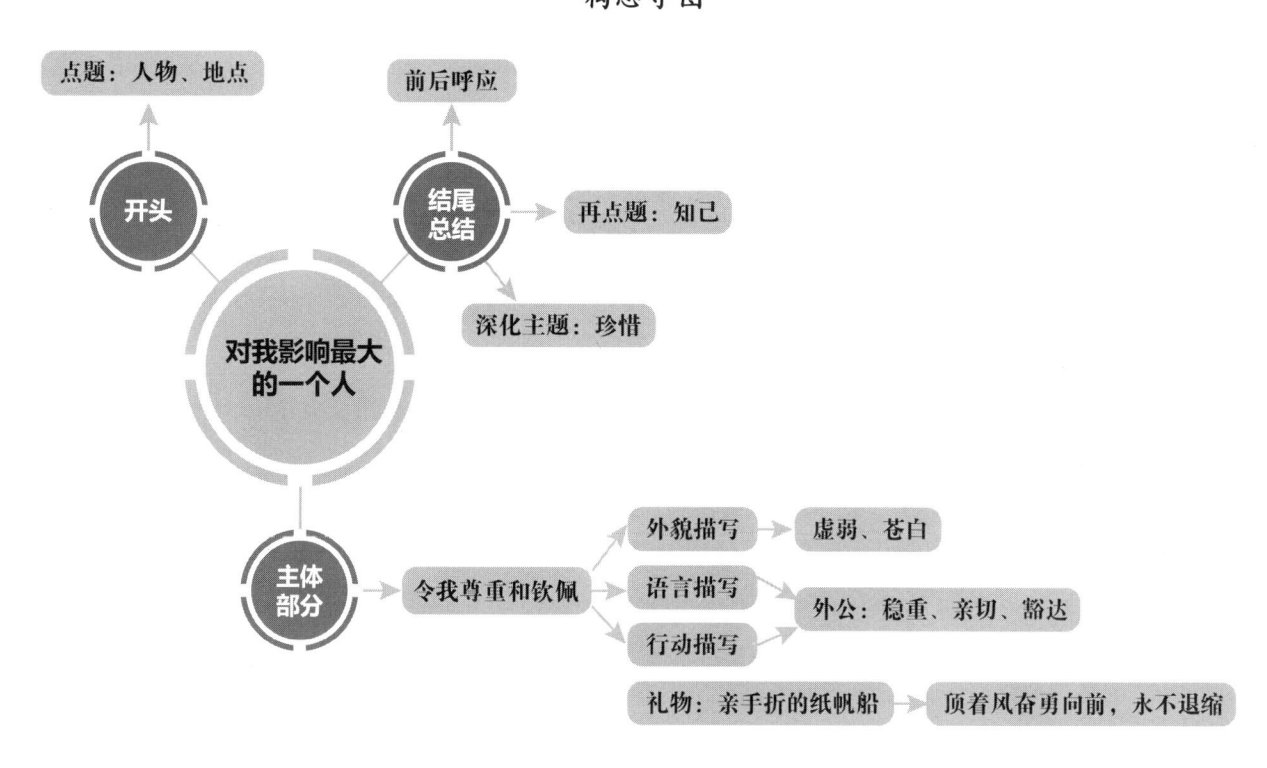

对我影响最大的一个人

- **开头** → 点题：人物、地点
- **结尾总结** → 前后呼应；再点题：知己；深化主题：珍惜
- **主体部分** → 令我尊重和钦佩
  - 外貌描写 → 虚弱、苍白
  - 语言描写 → 外公：稳重、亲切、豁达
  - 行动描写
  - 礼物：亲手折的纸帆船 → 顶着风奋勇向前，永不退缩

对我影响最大的一个人

"我来了！"我兴致勃勃地推开医院16号B的房门，然而却没得到同样兴奋的回应。素白的病房中间摆放着一张不太宽大的病床，病床上躺着的是一个虚弱而又熟悉的身影。他面色苍白、皱着眉头，正在闭目歇息。听到我的开门声，他慢慢地睁开眼，用微弱的声音示意我坐到他的床边。他虽然看起来病得不轻，但仍然显得很淡定。这位年迈的老人就是我一直尊重和敬佩的外公。

"晴晴，过来陪外公坐一会儿。"他的声音虽然沙哑，但却一如既往的稳重和亲切。外公静静地看着我，并没有多说什么，许是身体太虚弱，许是外公本来话就不多。在我的记忆里，外公跟我从来不多说半句话，但我们之间却有一种不需要太多言语的默契。

"外公，你知道吗，窗外的风景好美，等你病好了，我陪您出去看风景。"我抬头仰望窗外风和日丽的景色，但心里却为外公感到难过。外公住在这里，一定感到很孤独、很无奈。外公似乎看透了我的心思，他拍了拍我，说："晴晴，你要努力学习，成为一个令外公引以为傲的好孩子。"我从来都没有见过外公如此虚弱，所以心里有些不安和失落，但外公不变的淡定和亲切又让我的心平静下来。

外公接着说："晴晴，记住，要把人生的目标放得更高更远，不要太注重一些个人的得与失。一个人有生就有死，但只要你活着，就要以最好的方式活下去。若外公哪天离开了你，你也不必太难过。想一想每天有多少新生命来到这个世界，他们才是世界的未来。有了新生命的诞生，万物才会继续欣欣向荣，人类文明才会日新月异……"忽然间我感到惭愧，一个如此虚弱的走向人生终点的人竟能如此的淡定、如此的平静和豁达。

他就是我的外公，愈到人世的尽头，愈是活得忘我。外公的心里记挂和关心的永远是家人、朋友和他所生活的世界。那种心境和胸怀令我尊重和钦佩。

"晴晴，给你的圣诞礼物我其实早已准备好了，放在家中。谁想到圣诞节那天我就病了。你把它拿过来，我想亲手送给你。"第二天，我从外公手里接过我的圣诞礼物，那是一只他亲手折的纸帆船。外公希望我的人生就像帆船一样一帆风顺，即使遇到大风大浪，也要像帆船一样顶着风奋勇向前，永不退缩。

我的外公现在已经离开了这个世界，但他永远是对我影响最大的一个人。

教师点评

文章从与外公在病房的对话写起，用大量的语言描写衬托出人物的性格，字里行间都蕴含着作者对外公的深厚感情。小作者对于倒叙、比喻等写作手法的运用娴熟自如，使感情的表达深刻、动人，不落俗套。

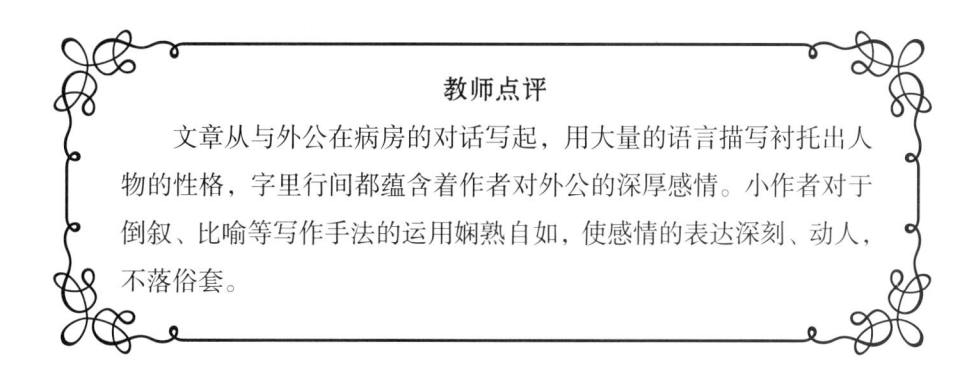

例文三

构思导图

最难忘的人

- 开头 → 开门见山，直接点题
- 结尾总结 → 前后呼应；再点题：知己；深化主题：珍惜
- 主体部分 → 外貌描写；品德、性格 → 奶奶对我的关怀和照顾；奶奶乐于助人、心怀大爱；处事淡然

最难忘的人

最让我难忘的人是我的奶奶。

奶奶今年已经80岁，满头白发，满脸皱纹，可还是精神奕奕，活

泼开朗。她和蔼可亲，脸上总是挂着慈祥的笑容。她乐于助人的品德、淡然处事的方式，以及对所有人的爱，都感染着认识她的每一个人。

我从小跟着奶奶一起生活。在我成长的道路上，奶奶不仅给了我无微不至的关怀和照顾，更重要的是教会了我很多的人生道理。记得我还在读小学的时候，奶奶仍要上班，可一下班奶奶就赶紧买菜煮饭，就是为了让我吃上我最爱吃的饭菜。奶奶虽然每天都累得筋疲力尽，但看着我吃得香，吃得高兴，奶奶的脸上就会露出灿烂的笑容。

奶奶是一位乐于助人、心怀大爱的人。有一次，我跟奶奶上街。突然，有一位跟奶奶差不多年龄的婆婆在马路对面的行人道上跌倒了，袋子里的水果也一个一个地掉了出来。街上的路人经过时都只是望一眼就走开了，没有人停下来帮婆婆。奶奶看见此景，拉着我一下子就冲过去，毫不犹豫地把老婆婆扶起来，再一个一个地把滚落一地的水果捡起来，还给婆婆。在确认婆婆没事后，奶奶才牵着我离开。

在我的记忆里，奶奶一向处事淡然。有奶奶在我的身旁，我心里就感到踏实。有一次，奶奶带我到附近的公园玩儿，看到一个小男孩无助地大哭，脸上还带着惶恐的神情。奶奶马上走过去安慰他，并得知孩子是因为找不到妈妈而感到慌张。奶奶一边和小男孩聊天，一边带着他到公园管理处请人帮忙广播，希望能尽快找到孩子的妈妈。奶奶一直陪着孩子，直至他的妈妈出现。

奶奶陪伴着我成长。在奶奶身边，我也潜移默化地学到了奶奶的优秀品德，以及她对周围所有人的爱。虽然我现在离开家乡，一个人在外国读书，但奶奶慈祥的笑容和助人为乐的精神却一直伴随着我，并将永远成为激励我前进的动力。

奶奶是我一生中最难忘的人。

教师点评

本文架构清晰，段落分明，每一段都有清晰的主题句，突出奶奶的优良品质，且过渡自然。小作者从真实生活中取材，虽然语言简单，选取的也都是平日生活里的平凡小事，但恰当贴切，"小事见真情"。这是一篇值得借鉴的描写文。

例文四

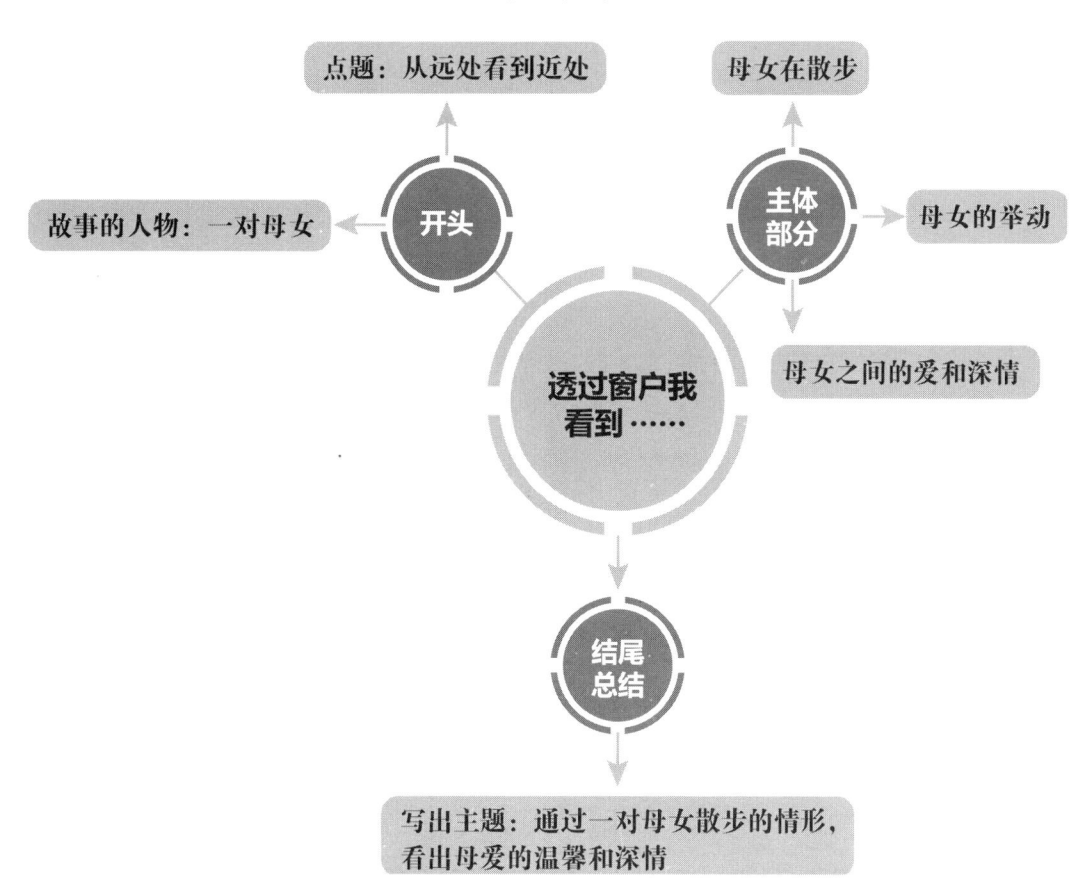

构思导图

- 开头
  - 点题：从远处看到近处
  - 故事的人物：一对母女
- 主体部分
  - 母女在散步
  - 母女的举动
  - 母女之间的爱和深情
- 透过窗户我看到……
- 结尾总结
  - 写出主题：通过一对母女散步的情形，看出母爱的温馨和深情

透过窗户我看到……

天，白茫茫的，还下着毛毛丝雨，空气中透出半点寒意。远处的山景若隐若现，只依稀看到连绵不绝的峻岭，像一条翡翠的绿龙在薄纱似的云雾间穿梭飞舞。近处，潭水清澈透底，波平如镜，偶尔有几只蜻蜓点水，泛起涟漪，多添半点生气。围着绿潭，有一条凹凸不平的黄泥路，路上走着一对母女。

年迈的老母亲和她中年的女儿手牵着手，虽然没有太多对话，但能看出一种无言的默契。这对温馨的母女令这幅山水画陡然之间多了一些人情味。她们神情轻松，围着绿潭悠闲地散步，时不时停下来欣赏沿路的秀丽风景。女儿有时会低声跟母亲说些什么，我猜想她是在问母亲是否需要坐下来休息一下；母亲偶尔也会拍拍女儿的肩头，像是在为什么事安慰女儿。女儿虽已人到中年，但在母亲的眼中，女儿永远都是她长不大的"小女孩"。虽然不知道她们到底在谈些什么，但她们的一举一动却告诉我，母与女之间的这一份爱与扶持是任何东西都无法替代的。在这样和谐安宁的环境的衬托下，这对手牵手散步的母女显得那么悦目，她们之间的爱和深情显得那么可贵动人。

有人说："母爱不仅仅是指母亲对孩子的爱，也包含孩子对母亲的爱。"是啊，人世间最永恒最伟大的是母爱。孩子和母亲之间洋溢着深深的、真切的、不尽的爱。妈妈在哪儿，哪儿就是最快乐的地方。看着窗外的这对母女，我深深地体会到：母亲的爱，像一罐永远吃不完的蜂蜜，她们给了我们蜜一样甜的生活；母亲的爱，像一条望不到尽头的宁静的小河，我们就是徜徉在河流上的那只小船；母亲的爱，是拥抱着我们的温暖，让我们无惧外面的寒冷；母亲的爱，是一本永远也读不完的书，里面的故事，只有我们自己知道……

教师点评

小作者对窗外一对母女的神态和动作进行了精心细腻的描绘，展现了自己娴熟的语言功底，并在描写中夹杂着自己对母女情的深刻感悟。全文借景抒情，以景喻情，开头的环境描写恰到好处地渲染了意境，结尾饱含感情与深意，言已尽，意未了。

【练一练】

① 我真正的朋友
② 一位人中豪杰
③ 我最怕面对的一个人
④ 最爱我的一个人
⑤ 良师

有关"人物描写"的成语

形容外貌体态的成语：

心宽体胖　一表人才　眉清目秀　獐头鼠目　国色天香　明眸皓齿

秀外慧中　面目可憎　鹤发童颜　沉鱼落雁　短小精悍　大腹便便
囚首垢面　出水芙蓉　亭亭玉立　铜筋铁骨　其貌不扬　虎背熊腰
骨瘦如柴

描写动作神态的成语：
挠头抓耳　搔首弄姿　老气横秋　如痴如醉　悠然自得　道貌岸然
悠闲自在　飘飘欲仙　沾沾自喜　不动声色　屏声息气　灰头土脸
雍容雅步　高情逸态　大义凛然　大摇大摆　咆哮如雷　如痴如醉
舒眉展眼　喜形于色

描写人物心情的成语：
表示喜悦的：笑容可掬　开怀大笑　喜出望外　乐不可支
表示愤怒的：火冒三丈　怒发冲冠　勃然大怒　怒气冲冲　咬牙切齿
表示憎恶的：可憎可恶　深恶痛绝　疾恶如仇　恨之入骨
表示悲哀的：伤心落泪　欲哭无泪　失声痛哭　泣不成声　潸然泪下
表示忧愁的：无精打采　顾虑重重　忧愁不安　愁眉苦脸　闷闷不乐
表示压抑的：垂头丧气　愁雾漫漫　忧愁满腹　满腔心事　满腹愁肠
表示激动的：激动不已　激动人心　激动万分　感慨万分
表示舒畅的：高枕无忧　无忧无虑　悠然自得　心旷神怡
表示着急的：迫不及待　急不可待　操之过急　焦急万分
表示愧疚的：追悔莫及　悔恨交加　于心不安　深感内疚　羞愧难言
表示失望的：心灰意冷　大失所望　灰心丧气　黯然神伤
表示害怕的：惊弓之鸟　提心吊胆　惊惶失措　惊恐万状　惶惶不安
表示紧张的：手忙脚乱　手足无措　忐忑不安　耳乱心麻　心烦气燥
表示笑容的：哄堂大笑　开怀大笑　笑逐颜开　笑容可掬　喜笑颜开

2. 景物描写

　　有关描写自然景观的作文是近几年 IGCSE 中文第一语言（0509）写作考试中常见的话题，也是十分考验学生中文写作功底的一种题材。以下几篇景物描写的文章不仅展现了小作者们优秀的语言表达能力和措辞技巧，还做到了恰当地在景物的描写中寄托自己的想法与感情，也就是"借景抒情"，使景物描写的文章有了灵魂。

例文一

构思导图

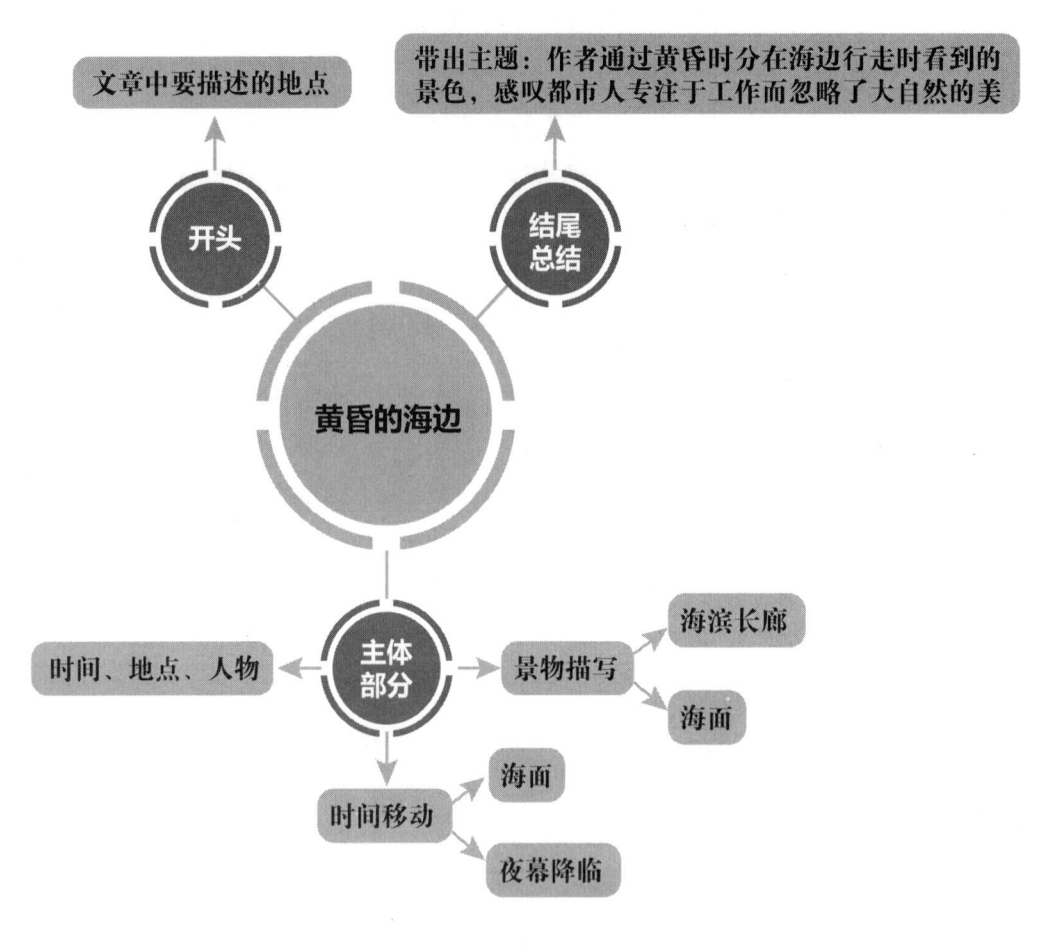

- 开头 → 文章中要描述的地点
- 结尾总结 → 带出主题：作者通过黄昏时分在海边行走时看到的景色，感叹都市人专注于工作而忽略了大自然的美
- 黄昏的海边
  - 主体部分
    - 时间、地点、人物
    - 景物描写 → 海滨长廊、海面
    - 时间移动 → 海面、夜幕降临

黄昏的海边

港岛东蓝湾半岛的海滨长廊面向蓝塘海峡，和将军澳遥遥相对，是柴湾区内观赏海景和消闲的好去处。

上星期天，我和父亲到蓝湾半岛海边钓鱼。我们于黄昏时收拾钓具，准备归家。我们沿着海滨长廊向西走，阵阵的海水咸味随着海风扑鼻而来，轻柔的海风吹动着我们的头发。海滨长廊一片寂静，偶尔传来缓步跑人士的呼吸声和在远处海滨雅座人们的闲谈声。

眼前的蓝塘海峡，一片波光粼粼的湛蓝海面上，有几只亮着灯的渔船在回航，传来微弱的马达声。破浪而行的渔船拖着长长的白絮，在海面泛起片片涟漪。再往西走，维港对岸进入眼帘。远见云海中隐约有一头"雄狮"伏在山上。山下灯火通明,霓虹光管和招牌所发出的耀眼灯光正和夕阳余晖互拼光彩。山上的"伏狮"渐渐消失于灰暗的云海,进入了黑暗,继续默默地守护着脚下那颗光芒四射的"东方明珠"。

黑魔逐渐低垂,东面夜空中现出了几颗闪烁发亮的夜星,像在黑丝绒上放置了数颗钻石,划破了黑夜的沉默。远处西面的维港上空残留着夕阳微丝丝的余晖,淡黄的天边与金灿灿的波光,是那么的柔和,是那么的秀丽,是那么的自然,我被这和谐的景象深深吸引着。

在都市繁忙的工作和急促的生活节奏中,很少人会停下来欣赏自然,感受大自然的奇妙和体会造物主的伟大与全能。人们都专注于物质世界,而忽略了自然美态。我们不妨抽空让自己静一会儿,为自己的生活腾出一点儿空间,享受大自然的美,感受家庭的喜乐。

我和父亲边谈边笑地缓缓地走到海滨长廊的尽头,但背后的两条影子却仿佛眷恋着黄昏的海边,慢慢延伸,依依不舍。

教师点评

这是一篇写得不错的描写文,第一段交代海滨长廊的位置,为之后的描写提供基础。作品的视角是从近到远,先写"缓步跑人士",然后是蓝塘海峡,最后写的是远方的山和星,布局见心思。

例文二

构思导图

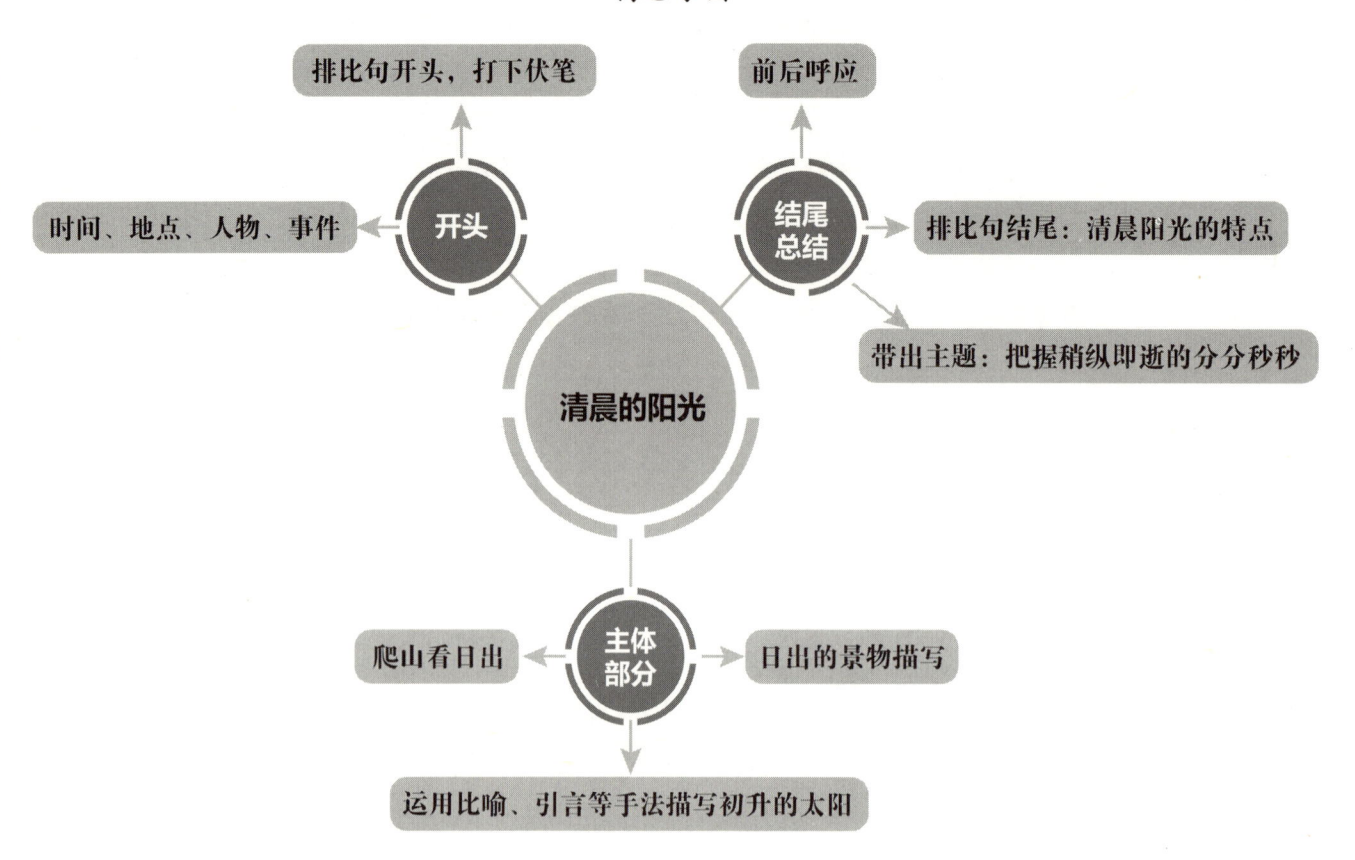

- 开头
  - 排比句开头，打下伏笔
  - 时间、地点、人物、事件
- 结尾总结
  - 前后呼应
  - 排比句结尾：清晨阳光的特点
  - 带出主题：把握稍纵即逝的分分秒秒
- 主体部分
  - 爬山看日出
  - 日出的景物描写
  - 运用比喻、引言等手法描写初升的太阳

中心：清晨的阳光

清晨的阳光

一夜的闪电，一夜的雷鸣，一夜的雨水！

经过一整夜的洗礼，空气变得异常通透。为了呼吸一下新鲜的空气，也为了欣赏夏日早晨的第一缕阳光，我早早地从床上爬起来，骑车来到家附近的小山顶。我望着东方的天空，那么纯，那么静，一会儿，天边泛起了红霞，我在心里默默地说："你好，清晨的第一缕阳光！"

天边的红晕逐渐扩散，很快，太阳羞答答地露出了半张脸，红红的，可爱极了。它冉冉上升，不一会儿，一只"红气球"就挂在了天空。它一点儿也不耀眼，所以我可以直视它，欣赏它的神韵。我望着美丽的红宝石般的太阳，很想用线把它拴上并牵在手中，留住这美好的瞬间。

我坐在小山顶上，只觉得温暖的阳光抚摸着我的脸，那样灿烂，那样柔和，好像妈妈轻抚着我的脸颊。我静静地感受着清晨的阳光带给我的温馨、舒适和快乐。经常听人说："送你清晨第一缕阳光，把温馨带给你，把快乐传递给你。"是啊，"一日之计在于晨"，清晨的阳光唤醒了大地，让经过漫漫长夜的一切重新变得生气勃勃。我想：这样美好的阳光难道不就像我们多彩的青春吗？有人曾经把青年人比喻为早晨八九点钟的太阳，充满希望，充满朝气，充满活力。青春是我们最值得去奔跑、去尝试、去追求梦想的时期。正如清晨的阳光一样，青春是一生中最充实和最难忘的宝贵时刻。

清晨的阳光给了我感悟，它让我更珍惜我生命中的每分每秒，珍惜我所拥有的一切。无论青春也好，时间也罢，都是一闪即逝的。我们应当好好把握这稍纵即逝的一瞬间，为我们各自的人生做充分的准备，好好抓紧在这宝贵岁月中的每一分每一秒，为自己的人生增添更多光彩！

清晨的一缕阳光，有着一份温馨，有着一份关爱，有着一份希望。

教师点评

此篇作文语言简练规范，开篇吸引人，通过描写"清晨的第一缕阳光"和"冉冉上升的太阳"寄托了青年人应该把握自己最好的光阴的喻义。全文多处引用名人名言，结尾点题，使描写文从景色描绘中得到升华，做到了有中心、有思想。

例文三

构思导图

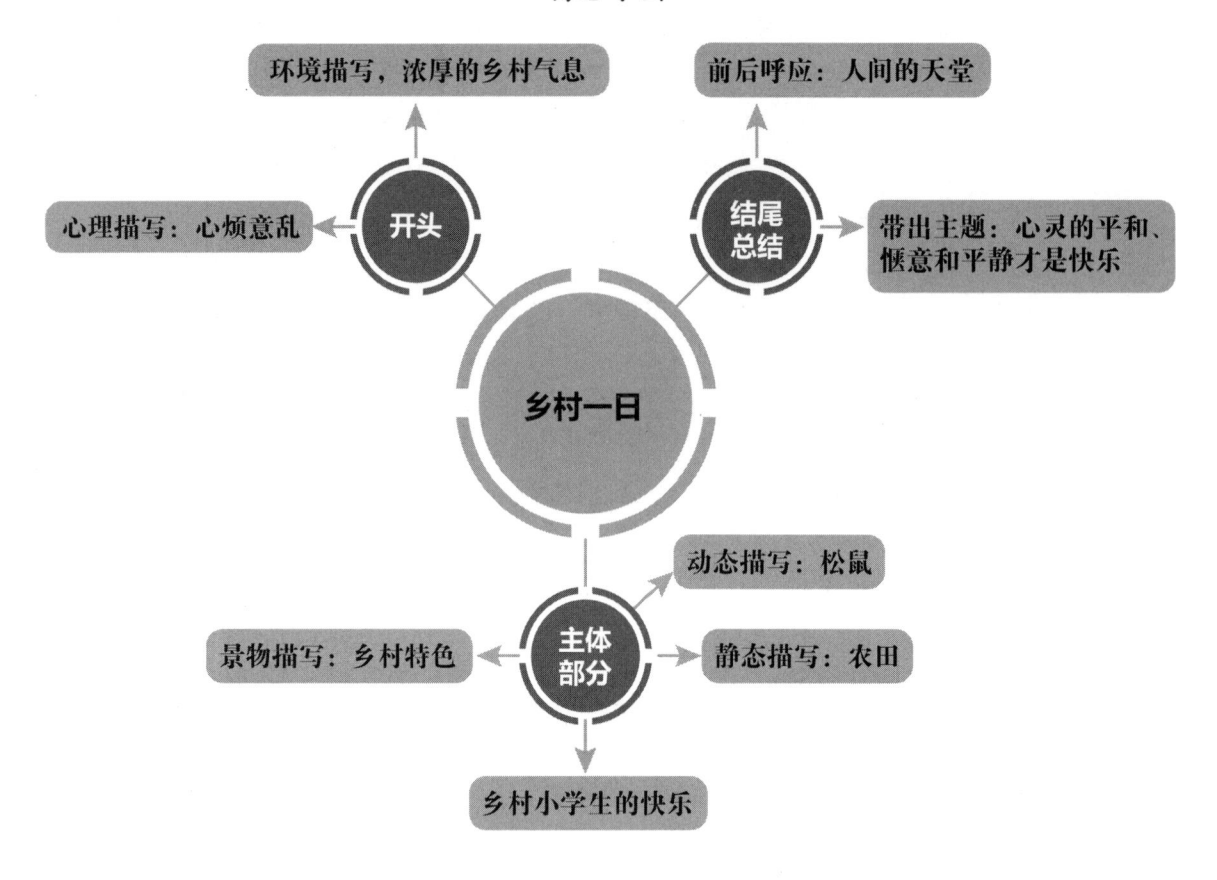

- 开头
  - 环境描写，浓厚的乡村气息
  - 心理描写：心烦意乱
- 结尾总结
  - 前后呼应：人间的天堂
  - 带出主题：心灵的平和、惬意和平静才是快乐
- 主体部分
  - 景物描写：乡村特色
  - 动态描写：松鼠
  - 静态描写：农田
  - 乡村小学生的快乐

中心主题：乡村一日

乡村一日

一路颠簸，终于到了目的地。看着窗外肮脏又布满砂石的土地，我真的不明白爸妈为何会把这里称之为"人间的天堂"。下了车不到五分钟，我已被一大群蚊子围攻，蜜蜂的拍翼声、蝉和蟋蟀的叫声混杂成一团噪音，令我心烦意乱，我恨不得马上长出翅膀飞回我宁静而舒适的小屋。

我非常不情愿地跟着爸妈向前走。经过了一些破旧的小屋后，突然，一片绿油油的稻海出现在我的眼前。我来了精神，赶忙拿出相机连拍了好几张。过了稻田，我们来到一条乡间小路。路边的每一棵树都是笔直的，像是站在路边欢迎我们的士兵。在它们的顶端，茂密的树叶连在一起，像是一把把撑开的巨伞为我们遮荫。抬头仰望，阳光从叶子间的空隙渗透出来，宛如一个光与影的万花筒。

我兴奋地跑到爸妈的前边，边走边用相机记录下这美丽的景色。突然，一个小小的黑色的影子飞快在我的左边闪过，然后停在我的不远处。原来是一只小松鼠！我踮着脚轻轻地慢慢地接近它。多么可爱的小松鼠啊！它的身体小小的，却有一条又大又软像"鸡毛掸子"一样的大尾巴，还有两只圆滚滚的小眼睛和一张小小的不停抖动的嘴巴。小松鼠的两只小手正拿着一个果实准备品尝，但发现我的到来后就警惕地看着我。我拿出相机正想给它拍照，它却鼻子动一动，拔腿就跑，一刹那之间就消失得无影无踪了。

　　乡间小路的两旁是一片一片的农田，农田里的作物各式各样，颜色各异，偶尔还能看到几只牛羊。这是大自然赋予我们的美景。看着眼前这些农田，我似乎看见了一种伟大与壮阔。我看见了农夫们艰辛地劳作，我看见了他们洒下的一滴滴汗水，我终于明白了"粒粒皆辛苦"的含义。

　　不远处传来小孩子的欢笑声，我随着声音好奇地跑过去，原来是一所小学。午饭时间到了，学生们三五成群边吃饭边聊天。他们吃的并不是什么丰盛的大餐，更不像我们"城市人"餐餐有鱼有肉。他们各自端着一碗半满的米饭，脸上却露出仿佛要溢出来的真实的快乐。

　　我终于明白为何这乡间是"人间的天堂"。没有高楼大厦，没有鲍参翅肚，没有轿车珠宝，却有一份心灵的平和、惬意与平静。

教师点评

　　作者按照步移法的空间顺序写作手法描写了自己在乡村的所见所闻，景物描写有静有动，相得益彰。文章来源于生活，因此语言虽不华丽，但却真实有趣，写得入情入理。同时，作者将乡村与自己生活的城市进行对比，突出了自己在乡村的朴实生活中收获了"心灵的平和与快乐"的主题。

例文四

构思导图

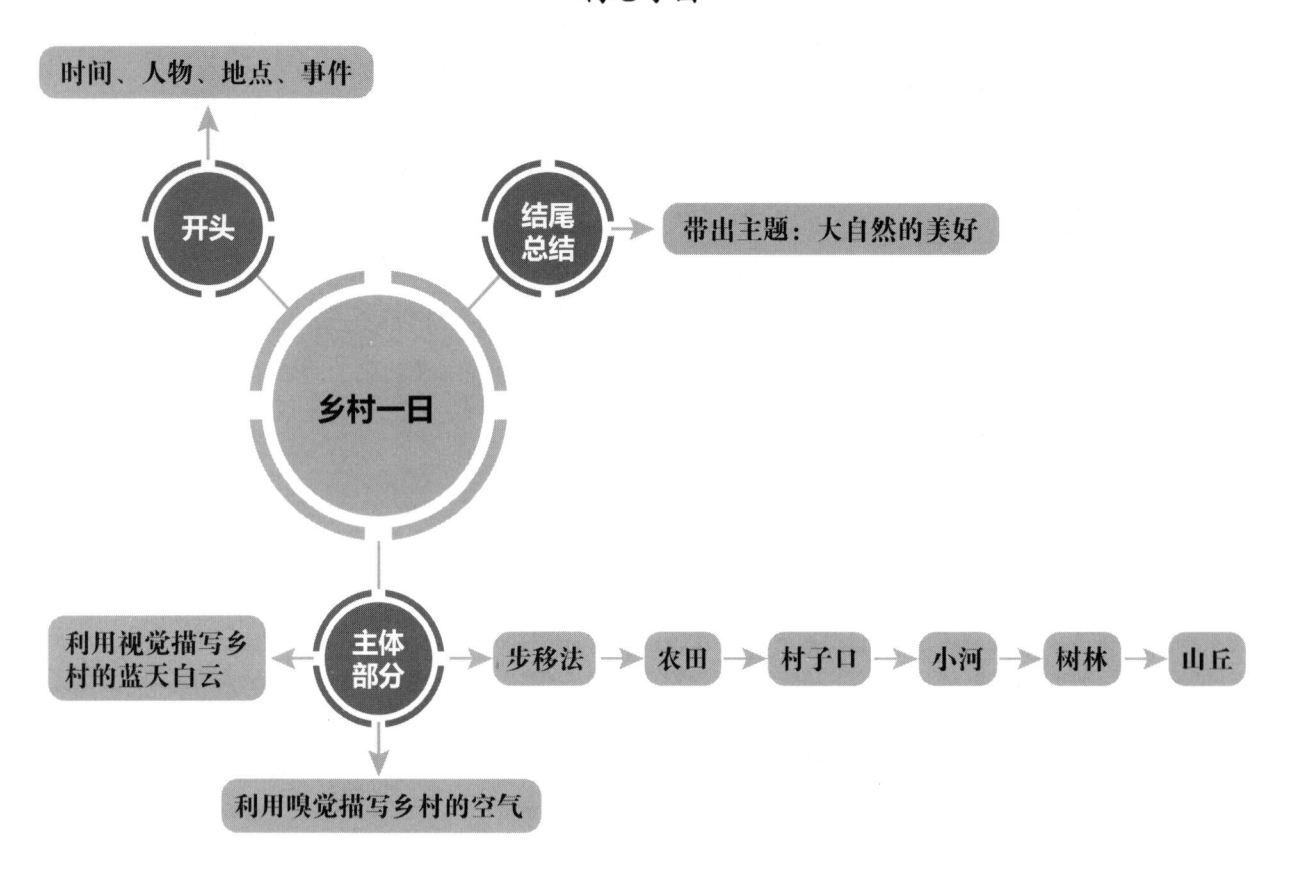

- 开头 → 时间、人物、地点、事件
- 结尾总结 → 带出主题：大自然的美好
- 乡村一日
- 主体部分：
  - 利用视觉描写乡村的蓝天白云
  - 利用嗅觉描写乡村的空气
  - 步移法 → 农田 → 村子口 → 小河 → 树林 → 山丘

乡村一日

在阳光灿烂的一天，学校组织我们来到一个乡村体验不一样的生活。

在空气污染日渐严重的城市住久了，来到乡村，看到的是蓝天白云，嗅到的是清新的空气，我和朋友们顿时感到精神抖擞，心情舒畅，雀跃不已。

老师带着我们来到一片绿油油的农田。眼前那一束束绿油油的小麦在微风的吹拂下呈现出波浪形，仿佛一片绿色的海洋。真没想到，在社会高速发展的今天，在城市的不远处还保留有这样一片充满大自然气息的乡村。

走过农田，来到一个村子。村口有一条清澈见底的小河，河里有不同种类不同颜色的小鱼在自由自在地畅泳。河边有无数奇形怪状的小石块，有的圆圆的，似弟弟胖胖的脸蛋；有的弯弯的，像天上的月亮；有的会反光，像晶莹透亮的珍珠。

沿着小河，我们来到了一片树林。茂密的树林里住的是各种古老的树木。老师说从它们的树根可以看出这些树已经有上百岁了。这些百年老树见证着时代的变迁，它们是历史的见证者。我真的想和这些老树们聊聊天，听它们讲人类近百年的历史，听它们说自己长寿的秘诀……

树林间还不时出现一些认得出和认不出的野花，有红的，有黄的，有紫的，有蓝的。它们镶嵌在遍地的绿色野草中，显得特别高傲。我喜爱这些鲜艳的小花，可我更爱那不起眼的野草。"野火烧不尽，春风吹又生"，野草顽强的生命力和对生命的热爱总能打动我，并一直激励着我跨越人生道路上的一道道难关。

眨眼间，一天就过去了。离开前，老师带着我们快步爬到一座山丘上去观赏美丽的落日。夕阳将整个天际染成了红色，我们被眼前的壮丽景色惊呆了。这时的太阳已经不再耀眼，而是柔和的、温暖的、恬静的。

乡村一日虽然短暂但却让我回味无穷。希望有一天，我可以再重投乡村这既温暖而又令人心旷神怡的大自然的怀抱。

教师点评

文章开头简单而得当，通过描写乡村清新又带有野趣的景色衬托出自己雀跃的心情。语言方面，用词准确、严密，平实自然，比喻、拟人、排比等修辞的运用使文章锦上添花。全文杂而不乱，详略得当，重点突出。结尾恰到好处地点明中心，语言朴实而含义深刻，耐人寻味。

【练一练】

① 我生长的地方

② 我的百宝箱

③ 一处我最熟悉的地方

④ 晨露

⑤ 夕阳

有关"景物描写"的成语

描写春天的成语：

春暖花开　姹紫嫣红　万紫千红　春寒料峭　雨后春笋　春意盎然
百花齐放　鸟语花香　春回大地　繁花似锦　春色满园　春光明媚
万物复苏　春满人间

描写夏天的成语：

烈日炎炎　绿树成荫　挥汗如雨　烈日当空　骄阳似火　酷暑难耐
电闪雷鸣　汗流浃背　暑气逼人　倾盆大雨　滂沱大雨　暴雨如注

描写秋天的成语：

秋风瑟瑟　一叶知秋　秋高气爽　秋风落叶

描写冬天的成语：

白雪皑皑　冰天雪地　寒风凛冽　天寒地冻

描写山水的成语：

层峦叠嶂　崇山峻岭　悬崖峭壁　连绵起伏　湖光山色　山清水秀
青山绿水　山水一色　山水相依　一泻千里　惊涛骇浪　美不胜收
江山如画　巧夺天工　锦绣河山

描写文参考题库

人物描写：
① 我最信任的一个人
② 睹物思人
③ 我的邻居
④ 博爱的奶奶
⑤ 我的母亲
⑥ 我的父亲
⑦ 我的奶奶
⑧ 一个珍惜时间的人
⑨ 他赢得了我的尊重

⑩ 手足情
⑪ 睹物思人

景物描写
① 春雨
② 我的宠物
③ 灯下
④ 故乡
⑤ 皓月当空的夜晚
⑥ 绿水青山
⑦ 宝岛
⑧ 初春
⑨ 洁白的世界
⑩ 良辰美景

描写文自我评估表

A. 内容	非常好	很好	满意	需要努力
1. 切题				
2. 内容有意义、有深度				
3. 时间、地点要清楚				
4. 选材合理				
5. 线索清晰				
6. 主题突出				
B. 结构	非常好	很好	满意	需要努力
1. 段落层次清楚				
2. 结构完整、有头有尾				
3. 描写有条理、详略得当				
4. 开头吸引人				
5. 结尾有力				
6. 前后呼应				

C.语言	非常好	很好	满意	需要努力
1.用词准确				
2.词汇丰富				
3.句子通顺				
4.写作手法使用恰当				
5.标点正确				
6.字数达标				

记叙文和描写文有什么区别？

描写文侧重刻画生动的形象，也就是对某一个人物或事物进行着重的刻画。描写文分为人物描写和景物描写两种，以写景为主的文章往往被称为借景抒情的散文。

总之，记叙文侧重叙事，叙述事件的本身发展情况，交代清事件的发展变化，描写文着重生动形象的刻画。记叙和描写两者相辅相成，你中有我，我中有你，融为一体，不可分割，只不过侧重略有不同罢了。这也就是为什么在IGCSE中文第一语言课程考试的写作卷上，描写文和记叙文属于同一组的原因。

策划编辑：韩　颖　刘小琳
责任编辑：杨　晗
封面设计：厚　冬
印刷监制：汪　洋

图书在版编目（CIP）数据

夺标：IGCSE中文（第一语言）课程写作能力训练／冯薇薇，何怡然编著. --北京：华语教学出版社，2018.10
ISBN 978-7-5138-1628-1

Ⅰ．①夺… Ⅱ．①冯… ②何… Ⅲ．①汉语－写作－自学参考资料 Ⅳ．①H15

中国版本图书馆CIP数据核字（2018）第194815号

夺标：IGCSE中文（第一语言）课程写作能力训练
冯薇薇　何怡然　编著

*

© 华语教学出版社有限责任公司
华语教学出版社有限责任公司出版
（中国北京百万庄大街24号 邮政编码100037）
电话：(86)10-68320585, 68997826
传真：(86)10-68997826, 68326333
网址：www.sinolingua.com.cn
电子信箱：hyjx@sinolingua.com.cn
北京玺诚印务有限公司印刷
2018年（16开）第1版
2018年第1版第1次印刷
ISBN 978-7-5138-1628-1
定价：39.00元